目指せ！英語授業の達人34

絶対成功する！

アクティブ・ラーニングの授業づくりアイデアブック

瀧沢広人 著

明治図書

はじめに

「アクティブ・ラーニング」を，流行で終わらせてはいけない。

私は強く，そう感じます。

よく英語の先生から次のような発言が聞かれます。

「アクティブ・ラーニングって言うけど，英語授業自体がアクティブだから」

「今までもアクティブにやってきているのに，今更…」

「アクティブでない英語の授業って，ありえない！」

果たして，本当にそうでしょうか。

私は，このような発言にハテナ（？）を感じるのです。

アクティブ・ラーニングの本質って何でしょうか。

単にアクティブに学んでいればそれでいいのでしょうか。

今までと同じで本当にいいのでしょうか。

なぜ？　アクティブ・ラーニングなのでしょうか。

そういった背景や本質を知らずにして，アクティブ・ラーニングは語れません。

教育には不易と流行があります。

そして，流行の中でも，「追いかけてよい流行」と「追いかける価値のない流行」の２つがあります。

アクティブ・ラーニングは，当然，私は「追いかけてよい流行」と考えます。

いや，追いかけなくてはいけないテーマだと考えています。

流行は，日常になった時点で，流行ではなくなります。

きっと数年後には，この流行は，流行ではなくなっているでしょう。

つまり，今こそ意図的にアクティブ・ラーニング型の授業を行うのです。

そうすれば，それが自然な授業の型となり，敢えてアクティブ・ラーニングと言わずとも，アクティブ・ラーニングの授業が自然とできる状態になっていることでしょう。

だからこそ，この早い時期に，今こそ，アクティブ・ラーニング型の授業を研究し，実践していくことは“必須”だと考えるのです。

流行である，今しかないのです。

そして数年後には，また目に見えない，新しい課題が，必ずやってきます。

とりあえず，最先端の授業を身につけておくのです。

さて，私は何事もシンプルに考えるようにしています。アクティブ・ラーニングのポイントは，次の２つだと私は考えます。

１つ目は

「主体的・能動的・創造的なアクティブ・ラーナーを育てること」

です。

これが第１点目です。

キーワードは，「主体的」です。

生徒が「主体的に」学習しているかが，とても重要になります。

だからこそ，「単にアクティブに学習していればよいというのではない」というのは，そういう意味なのです。

生徒が「主体的に」学習しているかどうかを見届けることが，大事なポイントなのです。

授業中，観察してみると，もしかしたら生徒の中には，“やらされ感”の状態で，仕方なく英語を勉強している生徒もいるのではないでしょうか。

それらは表情を見ればわかります。

１人でも多くの主体的な学習ラーナーを育てていくことが，アクティブ・ラーニングの本質の１つです。

２つ目は

「**仲間とともに**課題を解決する**協働的な態度**の育成」

です。

これが２点目です。

仲間とともに課題を解決する態度と方法を学ばせます。

「教育課程企画特別部会　論点整理」（平成27年８月）では，次期学習指導要領をにらみ，次のように言っています。

将来の変化を予測することが困難な時代を前に，子供たちには，現在を未来に向けて，自らの人生をどのように拓いていくことが求められているのか。また，自らの生涯を生き抜く力を培っていくことが問われる中，新しい時代を生きる子供たちに，学校教育は何を準備しなければならないのか。（「教育課程企画特別部会　論点整理」p.1より）

将来の変化を予測することが困難な時代に，学校教育は何を準備（＝指導）してかなくてはいけないのか…。これが，アクティブ・ラーニングの考え方の基になります。

また，その新しい時代については，次のように補足説明しています。

また，グローバル化や情報化が進展する社会の中では，多様な主体が速いスピードで相互に影響し合い，一つの出来事が広範囲かつ複雑に伝播し，先を見通すことがますます難しくなってきている。子供たちが将来就くことになる職業の在り方についても，技術革新等の影響により大きく変化することになると予測されている。
（「教育課程企画特別部会　論点整理」p.1より）

ここでは，「新しい時代を生きる子供たちに，学校教育は何を準備しなければならないのか」「先を見通すことがますます難しくなってきている時代へ，子供たちにどんな力，どんな能力を備えさせなくてはいけないのか」という２つの“課題”が見え隠れしています。

つまり，「物事を主体的に考え，個人プレーではなく，仲間とともに協力して課題を解決しようとする人物」を新しい時代は求めているのです。

よって，学校教育においても，意図的に仲間ととも課題を解決する場面を授業内に設け，協働的な課題解決，チームとして動ける人材を育てていく必要性があるのです。

だからこその「学び合い」でもありますし，「協働学習」でもあるのです。

それが，アクティブ・ラーニングなのです。

このようなアクティブ・ラーニングの考え方の背景が理解できれば，今までの英語授業のどこを変えればいいのか，また，変えなくてもよいのはどこか…が見えてきます。

本書では，「アクティブ・ラーニングのアイデア集」として，今までの授業を振り返りつつ，アクティブ・ラーニングの視点に立った授業づくりを提案し，生徒が少しでも自発的になるようなヒントを伝えられたらと思います。

2016年10月

瀧沢広人

Contents

Chapter 2 イラストでよくわかる！ 4技能別アクティブ・ラーニングの指導アイデア

Chapter 3 アクティブ・ラーニングが成功する 場面指導のアイデア

習得・活用・探究場面で使える！ アクティブ・ラーニングの活動アイデア

Chapter 5 英語授業での アクティブ・ラーニングQ＆A

Chapter 1

イラストでよくわかる！

アクティブ・ラーニングの環境づくりアイデア

アクティブ・ラーニング型の授業キーワードは，「主体性」と「仲間とともに課題を解決するチーム力」の2つと私は捉えています。

つまり，授業を行いながら，生徒が主体的に学習しているのかどうか，教師が目で見て確認しなくてはいけません。そして，もし，主体的でない学習を行っているとしたら，どうにかして，主体的な学習姿勢になるように授業改善を行っていかなくてはいけません。主体的とまではいかなくても，せめて能動的に動く生徒の姿に変えなくてはいけません。嫌々やっている“やらされ感”ではなく，“やってみようかな”と思わせるようにしなくてはいけません。

では，そのためにはどうしたらいいでしょうか。

1つ目は，もちろん，楽しい授業です。

楽しいと思うと，生徒はやる気になります。

授業の楽しさは，アクティブ・ラーニングにつながる環境づくりに大切な要素となります。

2つ目は，達成感です。

学習した成果が目に見えてわかるようになると，生徒は勉強したくなります。授業をやっての達成感や充実感を味わわせ，成長が感じられるようになると生徒は主体的になります。

例えば，英語を自主的に話したら，○を塗っていけるような「発言カード」を用意するとか，自学ノートのページ数を記録するとか，成長段階を“可視化”し，達成感を味わわせるといいでしょう。成果を目に見えるような形で示してあげるのです。

3つ目は，ゴールと振り返りです。やはり，主体的な学習を促すためには，ゴール（目標）が必要です。いかに目標を意識させ，行うかがアクティブ・ラーニングのポイントでもあるでしょう。何のための学習なのか理解していないと，ただ活動しているだけで，自分からの学習とはなりません。さらに振り返りの方法も研究の余地があります。

4つ目は，意図的なペア・グループ学習を仕組むことです。個人ではできても，仲間とともに学習することができるのかどうかを試してみます。例えば，今までやっていた活動を試しにグループでやったらどうなるかと考えてみます。音読なら，群読にして，工夫した読みが行えるかどうか大きな課題を提示し，それに向けて協力して，上手に課題を解決しようとしているか，また解決する力をつけられるよう，授業で生徒を鍛えます。

最後の5つ目は，アクティブ・ラーニングの意義を理解させることです。何のために学習をしているのか理解することが，主体的な学習へとつながるのです。

では，日々の授業をほんの少し，型を変えてやってみましょう！

1　ペアにしてみる

音読しています。しかし，なんとも音読の声に元気がありません。だるそうにリピートしています。「まだ音読するの？」と言うかのように，ため息さえ聞こえそうな雰囲気です。生徒は〝やらされ感〟があるのです。そこで，自分から読むようにさせます。１つは，隣の生徒とペアにします。机を向かい合わせ，ジャンケンさせてみましょう。ジャンケンするだけで楽しい雰囲気になります。

ある時，音読練習をしていると，元気のない生徒の姿がありました。なんとかしたいと思った私は，「隣の人とペアになって」と指示をしました。

そして，次に言った言葉は，「ジャンケンします」でした。すると，なんともニコニコしてジャンケンするではないですか。

一気に空気が変わりました。

そして，次に，「勝った人が○○役，負けた人は△△役」のように指示しました。

生徒は，役割音読を始めます。

やはり，先ほどの雰囲気とは全然違いました。

この時，思ったのです。

「何も教師の力だけで授業をしなくていいんだ…。」

音読では，「２度読み」というのがあります。

教師の後に，２度繰り返すのです。

そして，その後，２回目に繰り返す時に，「隣の人の顔を見ながら言いましょう」と言うと，隣の生徒を見ながら，笑いながら繰り返します。

楽しい授業の連続が，生徒を主体的な学習へと変えていくはずです。

2 活動を関連づける

英語授業でビンゴをやります。生徒はビンゴを楽しみます。その上，単語を「書いて」，そして読み上げる単語を「聞いて」，単語を「識別する」。時には，教師が意味を言ってそれに該当する単語を生徒が見つけ○をするという多くの学習要素の入った活動です。しかしながら，どんなに楽しい活動でも，だんだんと繰り返していくと飽きてきます。そこでお得感を用意してあげるのです。

どんなに楽しい活動でも，繰り返していると，生徒は飽きてきます。当然です。その楽しさが日常となるのですから…。

そこで，時には，「変化」と「進化」を与えなくてはいけません。

逆に言うと，飽きてきたら，生徒が成長していると思った方がいいのです。

いつまでも同じ段階で楽しんでいるようでは，成長はありません。

感覚として生徒が飽きてきているなと感じる教師の“感性”は，とても大事です。

その頃を見計らって，次の「楽しさ」を生徒に変化技として与えます。

とは言え，ビンゴ以上に楽しい活動はめったにありません。しかし，楽しいというのは何も，「がはは…」という楽しさばかりではありません。

「わかるようになる楽しさ」「できるようになる楽しさ」というのもあります。

そこで，ビンゴでやった単語をテストしてみたらどうでしょうか。

題して「25問テスト」です。ビンゴの裏に印刷しておいてもいいし，A3の用紙に，「25問テスト」が4回できるようにしておいても構いません。（p.71参照）

活動に“意味”を持たせるのです。「ビンゴをやると単語も覚えられる」と生徒に思わせたり，「少しでも単語を覚えよう」と思わせるようにするのです。

お得感が人を動かすのです。

3 可視化させる

教師がしゃべってばかりの授業では，生徒は受け身になります。生徒に活動を与えることで，生徒に思考を促し，能動的な活動へとなります。聞き取りでも，単にListen! では，生徒の半数は何を聞いていいのかわかりません。ただ時間ばかりが過ぎていくだけです。そこで，生徒がどのくらい聞き取れているのか，メモを取らせます。アクティブ・ラーニングで大切な〝可視化〟の理論です。

生徒の中には，黙っていても，頭の中で活発に考えていることもあります。そういう頭の中の思考活動を目に見える形で表に出すことを，「可視化」と言います。

例えば，聞こえたことをメモするように指示します。

すると，生徒がメモした内容を見れば，生徒がどの程度聞き取れているか，教師が目で見て見取ることができます。

そして，そのメモを見ながら，聞き取った内容をペアでシェアーし合えば，「学び合い」となります。また，自分が聞き取れなかったところを確認することもできます。

また，そのシェアーを英語で行えば，「聞いたことを英語で伝える」という「聞く・話す」の統合的コミュニケーション活動に変化します。

授業感想（振り返り）を書かせるのも，可視化の１つです。

今日の授業を生徒はどう捉えたのか。

どのように感じたのか。

生徒の思いを文字にして表すと，生徒の心の内面を見ることができます。

まとまりのある英作文を書かせる時も，「マッピング」の手法を用いれば，アイデアが可視化され，どのように整理すればいいか生徒にも目で見てわかり，効果的です。生徒の思考作業を見える形で表す「可視化」は，アクティブ・ラーニングの大きなキーワードになります。

4 少し上の目標を示す

アクティブ・ラーニングの学習環境に欠かせないもの。それは目標です。目標がないと，生徒は教師の指示に〝やらされ感〟だけで動きます。その〝やらされ感〟をなくすには，生徒に「目標」を意識させるのです。例えば音読では，どのような読みがよいのか，教師が目の前の生徒を見て，目標を適切に与えなくてはいけません。それも生徒がやれそうな，少し上の目標を与えるようにします。

どんな教授活動でも，「ねらい」は必ずあります。

なければ授業とは言えません。

授業とは，生徒の現状を，教師の理想とする姿へ，引き上げることを言います。

だとするならば，そこには必ず「ねらい」があり，そのねらいを達成する「手立て」があります。その手立てが，教師の授業行為です。

例えば，音読の時の目標は何か。感情を込めて読ませたいのか。イントネーションに気をつけて読ませたいのか。つっかえずに読めればいいのか。発音に気をつけさせたいのか。

音読と朗読の違いもあるので，どこを教師が目標としているかによって，生徒への活動が変わってきます。

教師が最初は目標を示し，生徒に，その目標が達成するように，活動を仕組み，そして，最後は評価・確認します。

その連続で，生徒は何らかの学習技能を身につけていきます。

もちろん，目標の設定の仕方も，「生徒の能力よりも，少し上の目標を与える」ようにします。あまり高い目標では，生徒は主体的に取り組もうとしません。

逆に，すぐに達成されてしまう目標では，活動する意味はありません。

5 教えすぎない

教師は「教える師」と書くだけあって，教えるのが好きで，しゃべりたがり屋です。しかしそこを，できるだけ教師はしゃべらず，生徒にしゃべらせ，また教えすぎず，生徒が学ぶ授業へと変えていきたいです。"Repeat after me. Repeat after me."の連続で進化のない音読ではなく，時に，「６行目まで覚えたら座ります」と言って，生徒に任せてみてはどうでしょうか。

時に，生徒の力を借りて，授業をしてみるのもいいでしょう。生徒に任せてしまうのです。「暗記しなさい」と言えば，生徒は何度も音読します。「５回読みなさい」だと，生徒は嫌な顔をします。「え？５回も読むの？」と思います。しかし，生徒に任せ，「暗記します」と言うと，知らず知らずのうちに，何度も生徒は音読するのです。大きな課題を与え，後は生徒に任せてみましょう。懇切丁寧に，いつまでも教師が生徒の音読のお手伝いをしているのは，なんとも主体的な生徒を育てるところからは遠く離れてしまいます。与えられたものは身につかないが，自分で獲得したものは身につくものです。

ある時，内容理解をグループによる協働学習で行いました。教科書本文には，"Interesting."と発言したキャラクターがいました。その時，ある生徒が「相手が真剣に話をしているのに，面白いなんて，失礼な言い方だ」と言いました。そこで私は，「辞書で interesting を引いてみた？」と聞くと，教科書の巻末辞書を引きはじめましたが，「面白い」としか出ていませんでした。そこで，「辞書持っている？」と聞くと，持っていたので，生徒は辞書を出して意味を調べました。そこには，「面白い」の他に，「興味深い」という意味も載っていました。その生徒は気づきました。「この Interesting. は，相手の発言に対して，興味深いと言っているんですね」と言ってきました。ここでもし，教師が，「この interesting は，興味深いっていう意味だよ」と教えてしまったら，その生徒の学ぶチャンスを奪っていたかも知れません。

6 「教え合い」を「学び合い」に変える

よく「学び合い」と称して，授業中に生徒同士が学び合う形式がとられますが，よくよく観察すると，「教え合い」になっていることはないでしょうか。得意な子が苦手な子に教えている構図です。アクティブ・ラーニング型の協働学習では，「正解のない問い」を発し，全員参加を目指します。どの子も同じ土俵で考え，発言し，どの子も成長できる時間とするのが「学び合い」です。

「正解のない問い」に対して，仲間とともに課題を解決する力が求められている現在，授業でも，意図的に「正解のない問い」を発し，それについて，自分の考えを持ちつつ，仲間の考えとともに，新しい解を創り出す協働的な授業が必要とされています。

その手法は多岐にわたっていますが，教科書の題材について，オープンエンドな発問をし，多様な考えの中から，よりよいものをグループで１つ選び，それを英語で表現するような場面をつくっていきたいものです。

そこには，「学び合い」が存在し，「教え合い」ではなくなります。

英語を苦手としている生徒が，ユニークなアイデアを持っているかも知れません。

そして英語の得意な生徒が，そのユニークな考えを英語で表し，グループとしての課題を解決していくかも知れません。

それぞれのよさを活かして，協力しながら，課題解決を図るチーム力が，大切なのです。

また，「学び合い」に移る前には，１人１人が考えを持っていなくてはいけません。まずは個人で考えを可視化させる時間をとります。その後，ペアなり，グループにするのです。そして，１人１人から考えを発表させ，その後，グループとしての意見を１つにまとめていくようにします。

そして評価はグループの１人１人につくことを生徒に伝えておきます。

7 なってもらいたい姿を自己評価の項目にする

「学び合い」を成功に導くためには，評価は欠かせません。課題を投げかけ，生徒を４人組などのグループにします。色々な班員がいます。みんなの意見をまとめようとしている子もいれば，班の話し合いに参加できない生徒もいます。隣の生徒と遊び始めている生徒もいます。４人組なのに，２人だけで課題を解決しようとしている生徒もいます。 そこで自己評価の登場です。

「学び合い」の理想はどんな姿でしょうか。例えば，「みんなから意見を引き出す」「話し合いに積極的に関わる」「自分の意見をしっかり伝える」「よいアイデアにつなげるようにみんなの意見をまとめる」「１人残らず，会話に参加できるように周りに気を配る」など理想の姿はあるでしょう。

その理想の姿を自己評価の項目にすればいいのです。

①話し合いに積極的に関わろうとしましたか。 5 4 3 2 1
②自分の考えや意見を伝えようとしましたか。 5 4 3 2 1
③協力して，課題を解決しようとしましたか。 5 4 3 2 1
④みんなの考えをまとめようとしましたか。 5 4 3 2 1
⑤１人残らず，会話に参加できるように周りに気を配ることができましたか。
5 4 3 2 1

自己評価の項目が，教師の「なってもらいたい姿」なのです。

ここにも，段階が存在し，これらがクラスとしてクリアーしていけば，次の項目へと発展していかなくてはいけません。また，班の中でのMVPとその理由を書かせてもいいでしょう。

8 よい行動をほめて，望む行動を取らせる

音読の時，姿勢が悪く，手にはシャーペンを持ち，ペン回しをしている生徒がいます。当然，覇気のない音読の姿が見られます。「しっかり声に出して読もう」と言っても変化がありません。そこでまず，教科書を持たせることから始めましょう。簡単です。持っている子をほめればいいのです。だんだんと教科書を持って読むようになります。すると音読の声にも変化が表れます。

私の得意技に，「教科書を持って読んだら，A」というのがあります。

教科書を持って読んだら，A がもらえるのです。

最初，教師の後にリピートしながら音読します。その時に，生徒のほとんどは，教科書を置いて読むでしょう。中学１年生でも数名です。教科書を持って音読するのは…。私は，教科書を持って読ませたいと思っています。しかし，その時に，「教科書を持って読みましょう」と指示するのは，生徒を受け身にさせてしまいます。そうでなく，音読が終わったら，教科書を持っている子を，ほめればいいのです。「教科書を持って読んだ人？」と聞きます。すると，生徒は手を挙げます。そこで「教科書の上の方に赤ペンで AA と書いておきます」と言います。そしてすかさず，「２回目読みます」と言って，リピートさせていきます。すると，今度は，教科書を持って読み出す生徒が増えます。主体的に持って読むようになります。又，一回読み終わると，「教科書を持って読んだ人？」と言います。すると，「はーい！」と言って元気よく手を挙げます。そこで「A と書いておきます」と言います。最後に，「教科書は誰でも持って読むことができます」と生徒には言います。

このように，なってもらいたい姿にしたければ，生徒のよい姿をほめるのがいいです。難しいことですが，これも教師としての訓練です。ほめて生徒を育てていきましょう。そこから，きっと，生徒の主体的な態度が生まれることと思います。

9　協働学習では，全員が書く

グループに１枚のワークシートを与え，そこにグループとしての意見や考えを書くよう指示をします。すると４人１組で，みんな活発に意見交換をするのですが，ワークシートに書き出す時には，書く人は１人です。それではいけません。その時は，残りの３人も，ノートに書くように指示します。協働学習では，全員が書くようにします。

私の嫌いな授業は，一部の生徒だけが活動している授業です。

全員を参加させたいと思います。

当事者意識を持って，どの活動にも参加する生徒にしたいです。

そこで，たとえ協働学習でも，ワークシートにグループの意見を書く時には，私なら，グループ全員が「書く」ようにします。

やり方は簡単です。

同じことを，ノートに書かせればいいのです。

すると，他の生徒もノートに思考の足跡が残ります。

家に帰ってから，授業を振り返ることもできます。

または，ワークシートを人数分，配ってあげればいいのです。

そして，代表の人のワークシートを１枚集めれば，それで可能となります。

アクティブ・ラーニング型の学習環境として，一部の生徒だけでなく，必ず，全員の学習活動を保障することを常に心がけておきたいものです。

10 得点を与えてほめる

生徒の主体的な態度を保障するためには，「ほめる」ことでも可能になります。また，「得点でほめる」ことも効果的です。例えば，授業中に習った英語は使わせたい…。授業で英語が出るようにしたい…。そんな時には，発言カードがあれば，一発で生徒から英語を引き出すことができます。授業中に英語を発する雰囲気が生まれます。これもプラスの評価です。

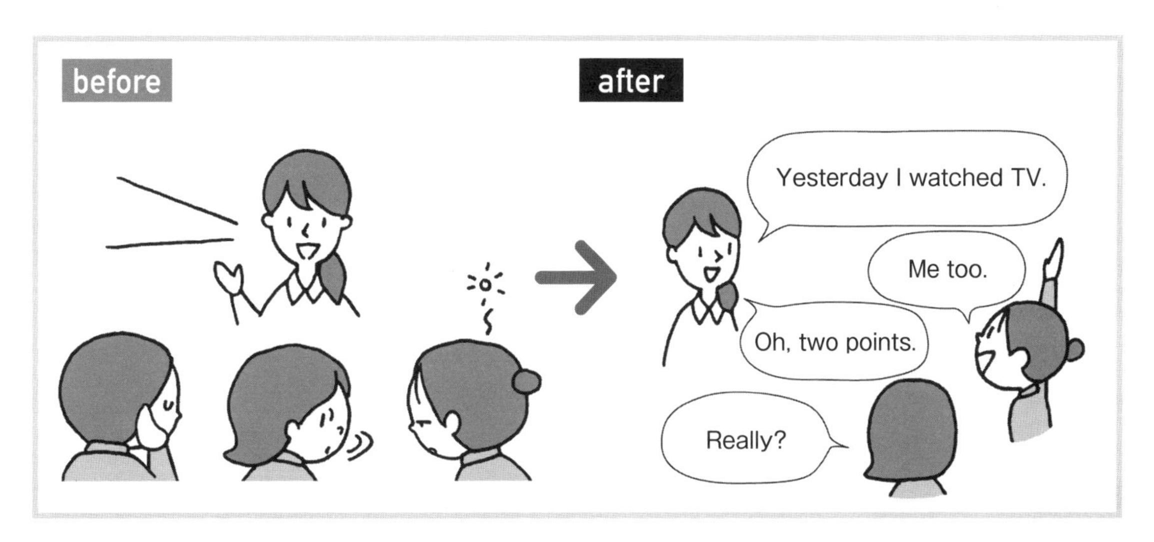

「英語を使おう」という主体的な態度に一瞬のうちに変える方法は，英語の「発言カード」を作り，生徒に与えればいいです。そして，授業中に一言でも英語を話せば，１つ○を塗っていかせます。いい発言には，時々，5 points のように言います。そしたら，生徒は，５つ塗ります。試しに“Hello.”と言ってみましょう。すると“Hello.”と返ってきます。そこで，すかさず，“One point.”と言って，ポイントをあげます。

調子づいて，“Is Mr.Takizawa handsome?”と言うと，元気よく“Yes!!”と言ってきます。そこで“10 points!”とジェスチャー付で言います。（p.84参照）

すると，「イエー！」と喜びます。すかさず，「そういう時は，Lucky. と言えばいいんだよ」“Lucky!”“One point.”というように発言カードを導入すれば，日常的に生徒から英語を出させることができます。これも「得点」があるからです。

English Salon という４人１組で行う優れた会話活動があります。これにも，私は英語と得点をつけます。English Salon のやり方は，１人が立ち，座っている３人が立っている生徒に質問を投げかけます。質問すると「正」の文字で，得点カードに質問回数をメモしておきます。１つ質問すると２点です。“Me too.”や“I see.”など，相づちを打てば１点です。ぜひ生徒に使わせたい表現を使えば４点です。だいたい生徒は慣れてくると100点を超えるようになります。得点があることで，自分の意志で英語を使ってみようと思う生徒をつくります。

11　時間を示し，見通しを持たせる

アクティブ・ラーニング型の英語授業にとって，「目標」，「見通し」，そして「振り返り」は，大変重要になります。なぜなら，アクティブ・ラーニングの基本は，生徒の主体性を育てることだからです。生徒が主体的に取り組むためには，取り組む目標があり，何をするのかがわかっており，そして，最後の振り返りで達成感や課題の発見，それを家庭学習につなげます。授業に見通しを持たせます。

生徒に主体的な学習を促すためには，何をどの程度行うのか見通しを伝えます。

例えば，プリントを配ります。そして言います。

「10分後，答え合わせをします」

「終わった人は，見直しをしています」

時間を指定した後，この場合，終わった後のことまで伝えておきます。

すると，終わった生徒が遊んでいたら，「あれ？終わった人は？」と聞くと，「見直し」と返ってきます。

そこまで活動を見通し，指示を出しておきます。

生徒が何をすべきかをきちんと知らせておくことが，主体性のある学習につながります。

また，黒板に本時の授業メニューを書くこともあります。

①すらすら英会話
②先生への質問
③ビンゴ
④聞きトレ64
⑤今日の文法
⑥プリント

12 生徒を動かす

プリント学習やその他の場面で，私が不思議に思うのは，なんで教師は生徒のところに行き，○付けをしたりするのかな…ということです。生徒は学習者ですので，生徒を教師のところに来させればいいと思うのです。既成概念で，生徒は椅子に座っているものというのがあるのでしょうか。「先生。来て～～」の声に，私の方が〝Come here.〟と言いたくなります。

生徒に主体的な学習を促すためには，生徒にプラスの行動を起こさせなければいけません。学びたかったら，自分から積極的に行動を起こす「習慣」を身につけさせるのです。

もしプリント学習等で，教師が生徒のところに行ってしまうと，その時点で生徒は受け身になります。また，大勢から呼ばれても，教師は１人しかいません。そのうち，生徒が「先生！さっきから呼んでいるのに～～～」の声。そこで，「ちょっと待っていて」と言って他の生徒のプリントに○を付けていると，また他の生徒から「先生できました」の声。

近くだから，○を付けてあげようと見ていると，「先生！？私が先だよ」と…。

こんなシーンが容易に想像できるのではないでしょうか。教師のよかれと思う行動が，実は生徒との人間関係が悪くなる元を作ってしまっていることもあります。

私はこのようにします。

「では，問題２までできたら，先生のところに持って来ます」

「もし，やっていて，わからなければ，先生のところに来ます」

と言って，最初の１人目が持ってくるまでは，苦手な生徒を意識しつつ，机間指導します。

そのうち，プリントを持ってくる生徒が出てきたら，教卓のところに座り，○付けをします。 この時，できるだけ早く○を付け，生徒の列ができないようにします。列ができると生徒は近くの子にちょっかいを出したりしだしますので，要注意です。（p.48参照）

13 指名なし発表にする

TOSS（向山洋一代表）の実践に「指名なし発表」があります。これも生徒の主体性を育てる有効な手立てです。例えば，スキット発表で，全グループに発表させたい時，どのように行うでしょうか。班の代表者が集まってジャンケンで順番を決める。１班と９班がジャンケンして負けた方から順に発表する。どれも生徒の発表することへの姿勢は〝やらされ感〟ですね。

指名なし発表のねらいは１つです。「自分から発表しようとする生徒を育てること」です。

「指名はしません。やりたい班（人）からどうぞ」と言うと，最初は生徒はなかなか前に出てきませんが，教師はじっと「待つ」のです。そのうち必ず生徒は自分から前に出ていき，発表します。そういう発表する友達の姿を見て，勇気づけられ，「よし，オレも出よう」となるのです。すると自然と拍手がわきます。みんな前に出る緊張感や一歩踏み出す勇気を教室内で共有しているので，自分から出ようとした生徒に拍手がわくのです。そういうクラスはよいクラスなのです。そして，前に出ての発表ですから，失敗することも多々あります。そんな時やはりよいクラスというのは，「頑張れ！」という声がでます。そういう時は，大きくほめます。

さて，初めて指名なしでスキットをやった生徒の感想です。

- みんなの前に立ってスキットを演じることはすごく緊張するものだと感じました。（男子）
- 今日は，恥ずかしかったけど，最後までできた。かぐや姫の気持ちになれた。（男子）
- 人前で演じるのは，とても緊張しました。ジェスチャーを使って演じたり，暗めに言ったり，表現を工夫できました。他の班の人が，恥ずかしがらずになりきって堂々としている人がいてすごいなあと思いました。（女子）
- とても演技が上手かった。次の機会があったら，上手に演じたい（女子）

ほとんどの生徒が同じような感想を持ちます。指名なし発表は生徒の成長を促します。

14 生徒に質問させる

みなさんは疑問に思うことはないですか。どうして教師ばかりが質問するのでしょう。生徒は答える役で，教師は質問ばかり。教師〝How are you?〞生徒〝I'm fine.〞教師〝What did you do last night?〞生徒〝I studied English.〞教師〝Good. How long did you study it?〞生徒〝I studied it for one hour.〞たまには，生徒から質問を出させませんか？

生徒に質問させます。今まで答える側から，今度は質問する側となるのです。すると，今まで，質問を与えられた生徒たちですが，ここにきて，初めてプラスの主体的な行動に移れるのです。

まず，何を質問しようか考えます。（思考）

次に，これを質問してみよう…と決めます。（判断）

そして，それを適切な英語で言い表します。（表現）

こうして，生徒は積極的に考え，教師からの質問に答えるという受け身の姿勢から，自分で問いを発するという主体的な態度へと変化します。

しかしながら，生徒から問いが出てくるようにするためには，ある程度の英会話のインプットがなければいけません。

私の「すらすら英会話」という実践では，最低でも「100個くらいの質問にすらすら答えられるだけの力がないと，実践的コミュニケーション能力があるとは言えない」のコンセプトのもと，英会話力の基礎力として，授業の最初に帯学習として取り組むものです。（詳細は，拙著『中学生のためのすらすら英会話100』明治図書，を参考にしてください）

ぜひ，“Do you have any questions for me?”と投げかけてみてください。どんな質問でもいいから，自分から質問しようという気持ちを育てましょう。

15 「宿題」を「自学」にする

生徒には家庭学習って必要でしょうか。答えは当然 Yes! です。英語学習では，授業でやったことを振り返る「復習」がとくに大事です。では，どのような家庭学習にしたらよいでしょうか。アクティブ・ラーニングの視点で考えると，その復習に主体性と創造性を持たせなくてはいけません。そこで宿題を「自学ノート１日１ページ以上」としてはどうでしょうか。

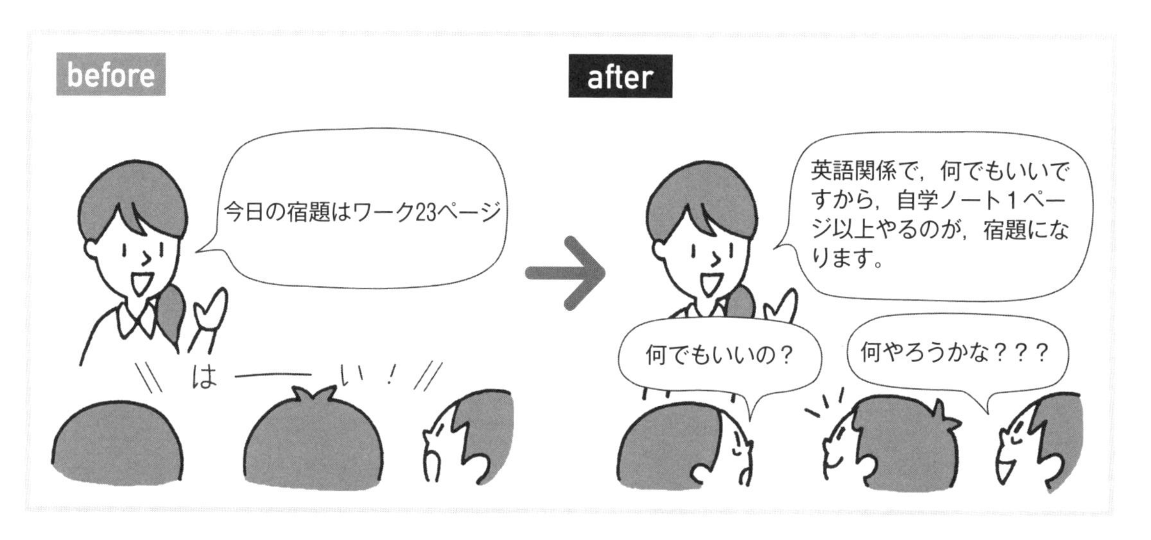

自学の内容を教師が指定しては，主体的な学習となりません。大きな枠組みだけは示し，その中は自由に考えやらせます。理想は，①授業で目標を理解し，②学習活動を行い，そして，③振り返りを行い，家庭学習で補うべき課題を確認します。

当然，その課題は，一人一人違ってくるでしょう。そこで，自分がやりたい勉強，身につけたい内容，得意な面をさらに伸ばす勉強など，生徒が自分で考え，計画が立てられる方がより主体的な学びの連続性が保障されるのではないかと思います。

そこで，私が取り組んでいるのは，「自学」（授業のあった日に１ページ以上）です。

制限は，たったこれだけです。そしておよそ学期に授業が50時間あれば，50ページやっていれば評価は A。その倍の100ページなら AA。半分の25ページなら B。150ページ（ノート４冊分）なら AAA のようにページ数で評価します。

また，自学メニューを配り，何を勉強していいのかわからない生徒は，そのメニューから選んでやっていくと，英語の勉強法が身についていきます。

アクティブ・ラーニングは，主体性・協働性・独創性の３つが大切であると田中博之氏（早稲田大学教授）は言います。この自学ノートは，生徒の独創性が図られ，また，よいノートをほめることで，普段，英語の授業ではあまり目立たない生徒もほめることもできます。

自由度を持たせるところから，独創的な学習が生まれます。先ずは枠組みから…。

16 授業前に授業環境を整える

みなさんは教室に入って，まず何をしますか。当然，生徒の様子を見ます。トラブルや生徒の行動の変化は，授業前に観察をします。次にやることはなんでしょうか。私は，チョークを黒板のところに配置します。英語の授業はリズムとテンポが肝心です。説明しようと思った時に，さっとチョークを手にし，板書できなければ，授業の流れがストップしてしまいます。

授業がスムーズに流れるように，教室環境を整えるのは，教師の仕事です。CD の設置，ピクチャーカードの準備，フラッシュカードを順番通りに並べる…。

そして，何より大切な教室環境は，

チョークの有無

です。

白，赤，黄色の３色が，ちゃんとあるかどうか…。

なければ，補充しておいておかなくてはいけません。

それも，黒板の３か所くらいに，同数ずつ，置いておきたいです。

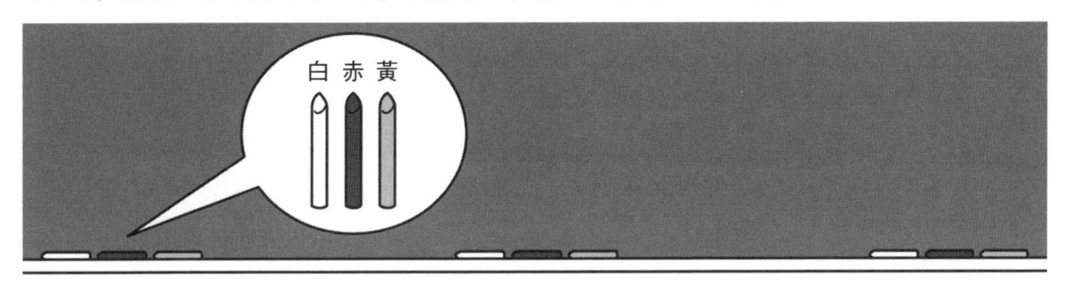

つまり，教師がどこに立っても，すぐにチョークを手にすることができたり，また生徒が黒板に答えを書く時に，すぐに書けるようにです。

17 連絡係に明日の授業の内容を伝える

英語係っていますよね。そして，明日の授業を聞きに来ませんか？　そんな時に，持ち物を伝えるために，「５点セット」と言ってはいないでしょうか。すると教室の背面黒板には，１時間目から「４点セット」「５点セット」「３点セット」…と，どの教科も持ち物をセット化しています。生徒を主体的な学習者にするのに，それでいいのでしょうか。よくないですね。

アクティブ・ラーニングのキーワードは「主体性」でした。連絡係の生徒が授業を聞きに来ます。そんな時に，持ち物だけを伝えてはいないでしょうか。

私は，生徒が予習できるように，明日授業でやるところを言ってあげます。

そうでなければ，生徒は予習できません。

予習を促しているにも関わらず，明日どこの勉強をするのかわからないようでは，主体的な学習はできません。

その上で，

①教科書

②ノート

③ファイル

の３つを持ってくるように言います。

３点セットのようには言ったことは一度もありません。

きちんと「教科書」「ノート」「ファイル」…と言います。それに加えて，「やる気」も付け加え，「教科書，ノート，ファイル…やる気」って，言う時もあります。

その時々で，変えるのもいいでしょう。すると生徒は「明日は何ですか？」と興味深々で聞いてきます。「明日は，教科書，ノート，ファイル…そして元気！」

Chapter 2

イラストでよくわかる！
4技能別アクティブ・ラーニングの指導アイデア

本章では，４技能（「聞くこと」「話すこと」「読むこと」「書くこと」）を，主体性を持った活動にするためのヒントを紹介します。もちろん，本章にあげたものは，ほんの一部です。主体性を引き出す４技能の指導は，むしろ無限です。

本章で紹介しているわずかなシーンを参考に，アクティブ・ラーニングの視点を取り入れた指導アイデアが先生方の間で広まることを期待しています。

主体性を持った英語授業を展開するためには，

❶シンプルな授業展開である

必要があります。

どんなによい活動でも，やり方が複雑であったり，内容が高度であったりしたら，生徒は活動することができずアクティブ・ラーニングは失敗します。

あくまでもアクティブ・ラーニングは手段ですので，目指すべきねらいが達成できるように，教師は努力すべきでありますし，生徒も英語力の向上という目標を持った取組を行わなくてはいけません。

できるだけ授業内容，学習過程は，シンプルにかみ砕いて提示しましょう。

また，

❷シンプルな指示・説明

を心がけましょう。

短い指示がいいです。

一言で言えるような指示だと，生徒の頭の中に入ります。

長い指示は，混乱します。

さらに，説明も同様です。

１文を短くし，できるだけ簡潔に説明します。

さらに，同じ活動を延々と続けるのではなく，ほんの少しの変化を与え，

❸変化のある活動

を授業に取り入れましょう。

すると，生徒のやる気は持続し，能動的な取組の連続が期待されます。技能の習得には，どうしても「繰り返し」が必要です。しかし，だからと言って，同じ活動を毎回，毎回，やっていたのでは，どんなによい活動であっても，生徒に飽きがきます。だんだんと生徒の勉強しようという主体性も欠けてきます。変化を与え，技能の向上を目指しましょう。

最後に，

❹目標の提示

です。

当然，４技能でも，学年によって達成したい目標は違ってくるはずです。教師が生徒の理想の姿を思い浮かべ，大きな目標を投げかけます。例えば私は「学年×１分」の英語によるチャットを目標として提示します。つまり３年生であれば３分間は英語で会話が続けられるようにするということです。そのために何が必要か…と考えていくのです。

聞くことの指導

教科書の本文を聞かせます。しかし，教科書のような英文の聞き取りでは，どうしても生徒は受け身となってしまいます。何も工夫しなければ，ぼーっとしてしまう時間を過ごす生徒が出てくるでしょう。自ら内容を聞き取ろうと思う生徒は２割ほどではないでしょうか。そこで生徒をアクティブな姿勢に変えるために，次のような点や方法で工夫改善をしていきましょう。

1 聞いた内容を友達に伝える

生徒は聞いた内容を友達と確認しながら，友達と伝え合う活動をします。

１回，聞かせた後，このようにペアで内容を確認させると，

「ああ，そうか…。いとこがアメリカから来たんだ」

等と，聞き取れなかったところが確認できるので学習に，深まりが生まれます。

その後，もう一度聞かせます。

説明

では，２回目，聞きます。
今，聞き取れなかったところが聞けるか確認してみましょう。

と言って，友達とのシェアリングで新たに知ったところが聞き取れるかどうか聞いてみます。

この時，アクティブ・ラーニング型で次のように言ってもいいでしょう。

“After the second listening, I'll give you TF quizzes. So listen carefully and you and your partner can successfully answer all the TF quizzes correctly.”（この後，TF クイズを行いま

すので，ペアが正解するように，お互い内容を聞き取っておきましょう。では，２回目いきます。）

ポイントは，

「TF クイズで，ペアが全問正解する」

という点です。

アクティブ・ラーニング型では，班やペアでの学習の後に確認テストを行い，それに全員が合格するという暗黙のルールがあります。（小林昭文氏実践）

それをこのリスニングでも活用します。

２回目のリスニングが終わると，“Share your ideas with your partners.” と言い，内容の確認をします。

およそ１分後，“Are you ready to answer TF quizzes? or do you want to listen to it again?” と確認し，もし，もう一度，内容を確認するために聞きたいという場合は，聞かせます。

もし，特に必要がなければ，TF クイズを４問程度出します。

指示

I'll give you TF quizzes. Open your notebooks and answer the questions.

「No.1 Yuki is free, because she has just done her homework.」(F)
「No.2 Ben's sister came from Australia. Her name is Jane.」(F)
「No.3 In the U.S., they play basketball only in winter.」(T)
「No.4 Jane plays softball and soccer.」(F)

聞いた内容を，友達にシェアーすることで，聞く活動をよりアクティブな活動に変えることができます。

AL成功のポイント

●聞いた内容を友達とシェアーする。
●ペアで協力して，内容を聞き取ろうとする。

2　聞いた内容を「英語で！」伝える

授業には，「変化」と「進化」が必要です。生徒が授業を楽しく感じるのは，現状に維持するだけでなく，少しの変化と進化です。

いつも同じことをやっているのは，生徒を飽きさせます。

そこで，ほんの少しの「挑戦」をさせます。

それが，

指示

今日は英語でシェアーしてみましょう。

という指示です。

生徒は，「えー」と言いながらも，なんとか英語で聞いた内容を伝えようとします。

本来は，この姿が理想的です。英語を聞き，その内容を英語で伝える活動は，「聞く・話す」の統合的なコミュニケーションの能力を育てます。今まで日本語でやっていたことを，英語でやってみるだけです。表現力の育成にもなります。

難しければ，最初は聞いたことを「書かせ」てもいいでしょう。

アウトプットするために聞く――。それが聞くことのアクティブ・ラーニング型授業のヒントとなることと思います。

AL成功のポイント

●聞いた内容を，英語でシェアーする。

3 リスニングポイントを明示する

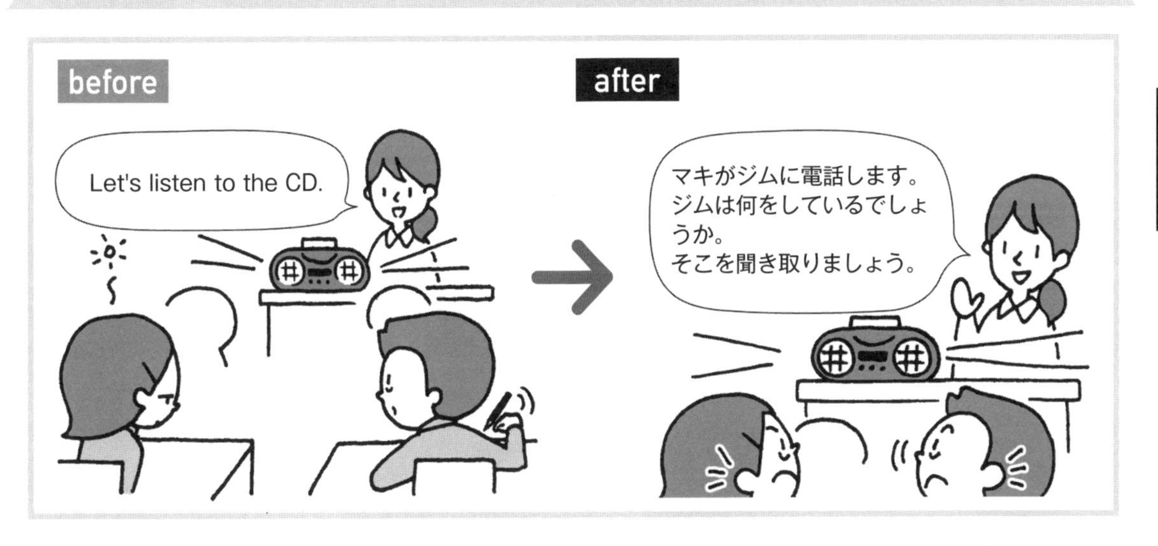

生徒を主体的なリスナーにするためには，「聞き取る目的を示す」のも１つの方法です。

ただ指示もなく聞かせた場合と，聞き取りのポイントを示した場合とでは，生徒の集中度は確実に違うでしょう。

また，イラストにあるように，口頭で聞き取りポイントを示してもいいですが，あらかじめワークシートに設問を用意し，配布するのも１つの方法となります。

この場合，日本語で質問をし，日本語で答えさせるパターンと，英語で質問し，英語で答えさせる，または英語の選択肢を載せておくパターンがあります。

これは TOEIC での問題形式にもあります。

いずれにせよ，「主体性」を持たせるためには，聞き取りのポイントを示してから聞かせると，「聞こう！」という姿勢になります。

Lesson 7　School in the U.S.

Grade　Class　Number　Name

§ 1

1　ケンとマキは時々，どこに行きますか。

2　ケンとマキは，そこで何をしますか。

3　アメリカの中学生はどこで昼食を食べますか。

4　持ってきてはいけないものは何ですか。

5　ケンはアメリカの学校をどう思いましたか。

AL成功のポイント

●リスニングポイントを示してから，聞かせる。

話すことの指導

話す活動は一般的に，生徒の能動的な学習が保障され，アクティブな活動の展開が予想されます。しかしながら，話すことにおいても主体的な態度，積極的にコミュニケーションを図ろうとする態度の育成は，指導しなくては身につきません。中学１年生，また小学校からの態度面の指導においても，アクティブ・ラーニングの視点は重要になってくることと思います。

4 同じ質問を相手に投げかける

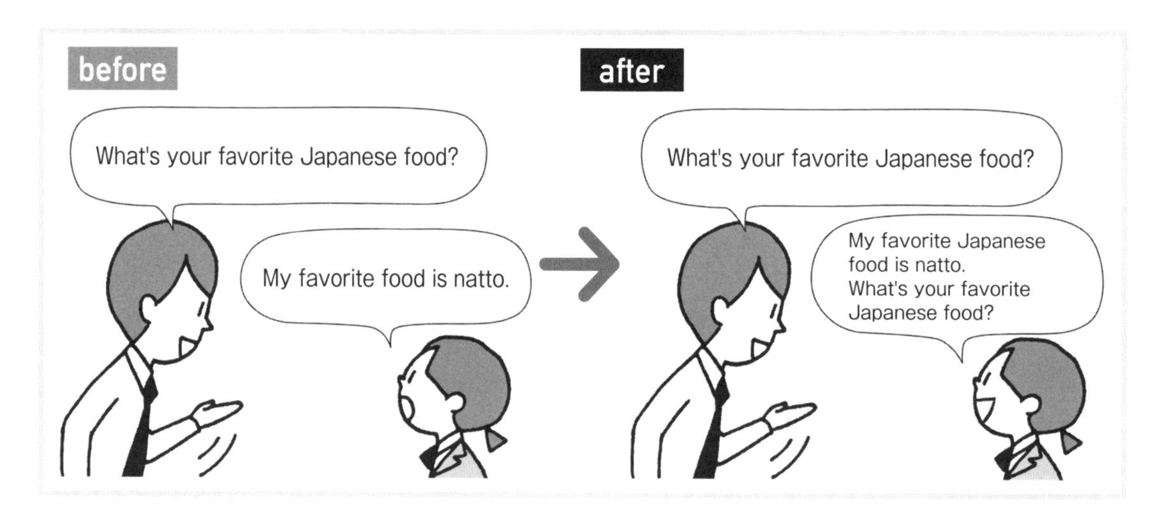

コミュニケーション活動に連続性を持たせるために，私たちはきめ細かな指導をしていかなくてはいけません。

中学１年生の時から，「質問されたら，同じ質問を相手にもしよう」という授業内ルールを確立しておくのです。コミュニケーションの連続性を持たせるための１つの方法として，「質問されたら，同じ質問を相手に投げかける」という習慣を早いうちから持たせたいと思います。上の場面絵にあるように，どうしても教師が質問して，生徒が答えて終わるという場面が多く見られます。そこを，右側の絵のように，聞かれたら同じ質問を投げかけさせるだけで，会話の連続性が図られます。そんな会話の“ルール化”も英語授業マネジメントとして大事になってくるのではないでしょうか。

AL成功のポイント

●質問されたら，同じ質問を相手に投げかける。

5 スモールステップであいづちを打たせる

生徒が主体的に話している状態にするには，「自分から話そうという意欲」，つまり，積極的にコミュニケーションを図ろうとする態度形成が必要です。逆に会話がストップしてしまい，無言のまま時が過ぎる状態は，話すことに対しての主体性が感じられず，「仲間とともに課題を解決する」という大事な力の点においても，アクティブ・ラーニングではなくなります。そこで，会話と会話をつなぐ，あいづち表現を教え，意図的に会話の中に挟み込むようにします。

例えば，右のようなワークシートを作成し，使った表現には□に✔を入れるようにしたり，ペアでの会話に，あいづちを入れさせたりします。

私は「すらすら英会話」（ペアでジャンケンして勝ったら質問，負けた方は答える）という活動を帯学習で毎時間授業の最初に取り入れています。

その時に，「今度は，相手が答えたら，何かあいづちを入れましょう」と指示することで，会話がつながるよう指導しています。

ぜひ！使ってみたい“あいづち”表現

Grade　Class　Number　Name

①本当？	① Really?	□□□□
②私も！	② Me too.	□□□□
③もう一度言って！	③ Pardon?	□□□□
④わかりました。	④ I see.	□□□□
⑤いいね！	⑤ Nice!	□□□□
⑥その通り！	⑥ That's right.	□□□□
⑦冗談でしょ！	⑦ No kidding!	□□□□
⑧信じられない！	⑧ Unbelievable.	□□□□
⑨私もそう思う。	⑨ I think so, too.	□□□□
⑩もっと教えて！	⑩ Tell me more.	□□□□

AL成功のポイント

●相手が答えたら，あいづちを打とう。

6 答えたら１文付け足すＱＡＡにする

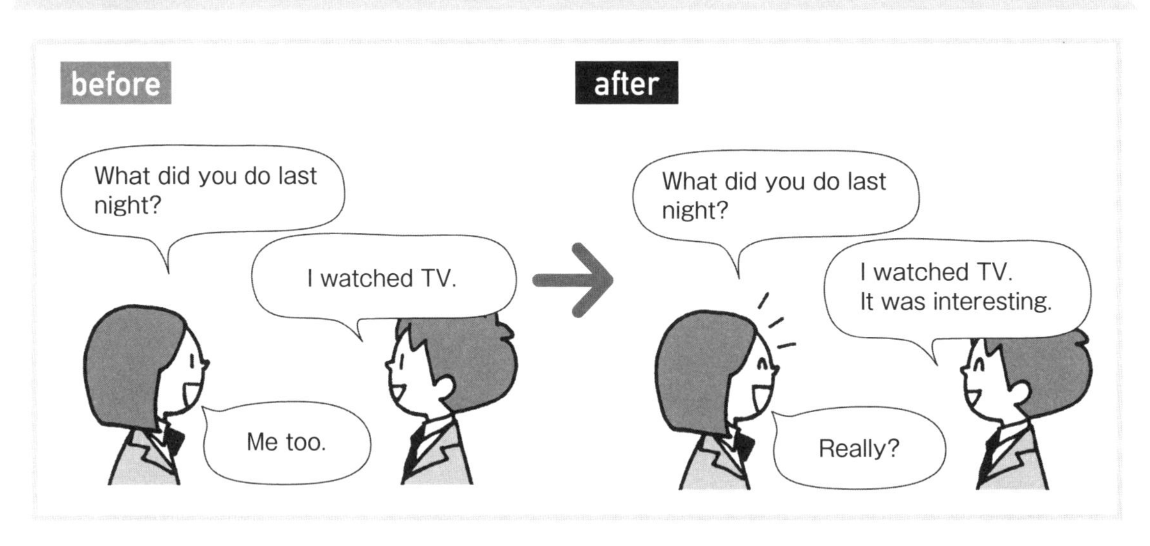

すらすらQA活動ができるようになったら，生徒に１つ上の課題を与えます。なぜなら生徒は「簡単にできてしまう活動」には，興味も示しません。クリアーしていることには，興味を示さなくなるのです。裏を返せば，生徒は常に成長したがっているのです。そこで，「できる状態」から，少し上のことに「挑戦する状態」へと課題を上げていきます。

それが「QAA活動」です。

今までは，“QA”で終わっている活動でしたが，そこを“QAA”とすることで，

「質問されたら（Q），答えて（A），更に１文足す（A）」

という活動になります。私はこれをQAA活動と呼んでいます。

QAAとすることで，生徒は２つ目のAで考える（思考）ようになります。

例えば，

A：What subject did you study last night?

B：I studied math.

（何か１文足さなくてはいけないのです。）

B：It was difficult.

などと，１文付け足すのです。

この最後の１文の時，生徒は考えるのです。（p.82参照）

AL成功のポイント

●主体的に会話の発話者となるために，ＱＡＡ活動を取り入れてみる。

7　先生が Yes, I do. と答えそうな質問をしてみる

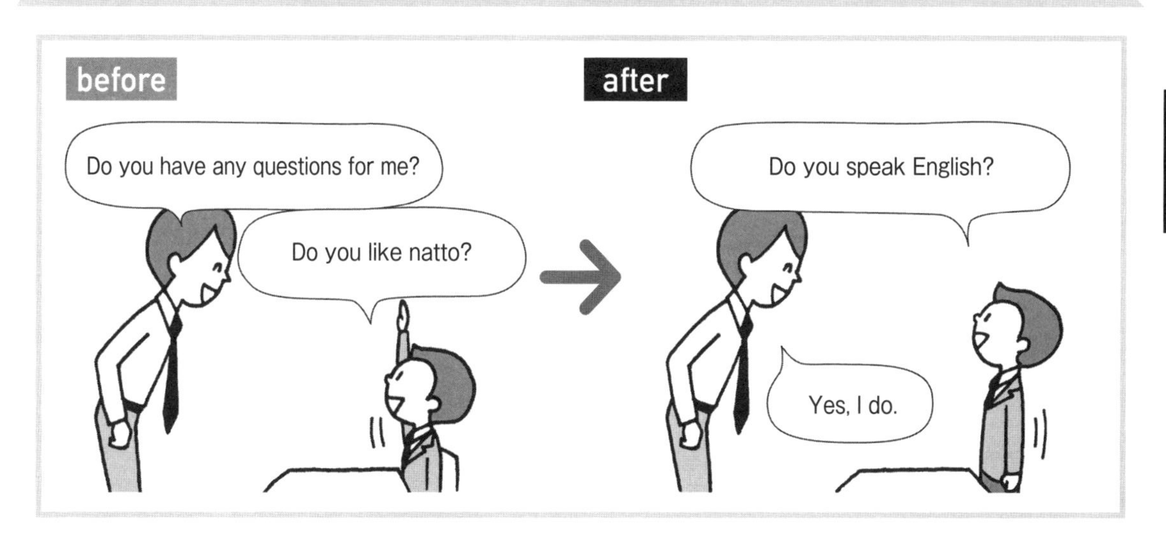

「教師が質問する役，生徒が答える役」からの脱却は，Chapter 1で「生徒に質問させる」ようにするとアクティブ・ラーニング型の授業に変わるということを紹介しました。

では，どのようにしたら，生徒から質問を出させることができるのでしょうか。

私は，考えに考えた挙句，一番簡単な方法として

「先生に Yes, I do. と言わせた人から座りましょう」

とやってみました。すると生徒は必然的に，Do you...? で始まる質問を考えなくてはいけません。

また，段階的に，一度使った動詞は使えないという制約を設けてもいいでしょう。

さらに，

- ALT の先生が，Yes, I did. と答える質問をしてみましょう。
- 隣の友達が Yes, I can. と３つ答えたら，座ります。
- 先生が No, I don't. と答えそうな質問をしたら，座ります。

のように，答える相手を変えたり，No... で答える質問を考えさせる等，変化を持たせるとよいでしょう。また，変化の変化で，**「先生が，It... で始まる答えを言う質問を考えましょう」**としたら，どうなるでしょうか。生徒は，いつも教師に質問されている，“How is the weather today?”や“What day is it today?”“What is the date today?”“What time is it now?”また過去形を使っての，“How was the weather yesterday?”のように考えて質問してくるでしょう。

●主体的に頭を使って考える。

読むことの指導

読む活動には，大きく，声に出して音で表現する「音読」と，内容を理解するための「黙読」の２つがあります。音読は，どちらかというと，生徒の活動が可視化され，比較的容易に生徒の学習活動が目で見てわかり，その音読の様子で生徒が「主体的」に取り組んでいるかどうかを見届けるのが，アクティブ・ラーニング型のポイントとなります。黙読は，いかに読む目的を理解させるかです。

8 ２度目は，友達の顔を見ながら言ってみる

音読練習の１つに，Read and Look up というのがあります。これはこれで，短期記憶を養い，暗記へと持っていく有効な学習法です。ただ，私はそこにほんの少しのユーモアを混ぜて，「今度は２回目読む時に，友達の顔を見ながら言ってみましょう」と指示します。

生徒は，隣の生徒の顔を見ながら，“You look sleepy, Maki.” と言うのです。

当然，生徒から笑みがこぼれます。

これも立派な Read and Look up なのです。

音読指導では，生徒の元気な声や，すらすら読んでいる姿が理想的です。

そのためには，色々な変化のある音読を行い，授業中に10回の音読を目指します。

ＡＬ成功のポイント

●教師が音読のレパートリーを持ち，変化のある音読を行いましょう。

9 場面設定やＢＧＭ音読で，臨場感のある雰囲気をつくる

音読では，いかに生徒が自分から読みたくなるような気にさせるか（主体的な読み）が，大事です。例えば，次のような対話文があるとします。

A：Maki, what's up? You look sleepy.
B：Yes. I went to bed very late last night.
A：What were you doing?
B：I was reading a book about gestures.
　You know, gestures are sometimes different in different countries.
A：I know that. In the U.S., they wave their hand up and down. This means, "Good bye."

この対話文がもし，「授業中の会話」だったらどうなるでしょうか。

すると必然的に，「ひそひそ話」になるはずです。それも，隣の生徒との会話ではなく，1つ席をとばした「隣の隣の生徒との会話」ならどうでしょうか。実際に，2つ隣の生徒とやらせてもいいでしょう。また，「親子」だとすることもできます。同じ教材文でも，場面によって読み方が変わります。さらに，BGMを流したらどうなるでしょうか。ニュースらしく読ませたい時は，ニュース番組の出だしのBGMを流したり，悲しい話なら，悲しそうな曲を流したり，レストランでの会話なら，クラッシックを流したりすることもできます。生徒が「読みたい」と思わせるようにするのが，音読のアクティブ・ラーニング化です。（p.65参照）

AL成功のポイント

●楽しく読ませるためにはどうしたらよいかを考える。

10 音読はだんだん生徒だけで読ませる

音読に限らず，最初は教師の力を必要とするが，だんだんと生徒だけで活動できるようにしていかなくてはいけません。私の音読指導の流れは，だいたい次のようになります。

①教師の後にリピート（１回）＊教師主導
②少しスピードを上げて教師の後にリピート（１回）＊教師主導
③語句の切れ目で，斜めの線（／）を引きながら，リピート（１回）＊教師主導
④正しく引けているかどうか確認のためにリピート（１回）＊教師主導
⑤教師が日本語を言って，生徒が英語で言う（１回）＊半分生徒
⑥立って１回，座って何回も（２回以上）＊生徒のみ

だんだんとリピートから，生徒個人の読みに変化させるようにします。

みなさんも経験があるかと思いますが，リピートはたいていの生徒はできるのです。

しかし，１人で読んでごらん，となると，読めない生徒が出てくるのです。

だから，個人練習の時間をしっかりとらないといけません。

それが⑥の「立って１回，座って何回も」の指示です。この他に，「１分間リーディング」や「暗記読み」，「追い抜き読み」「一気（息継ぎなし）読み」，「たけのこ音読」「２度読み」なども個人で読む音読練習となります。（p.50参照）

●リピートからの脱却！

11 黙読には読む目的を持たせる

読みの活動には，「音読」と「黙読」の２つがありますが，音読の方は，生徒の活動が見えるのでいいのですが，黙読はなかなか生徒の活動が見えません。

ただQAやTFをやるのでは，アクティブな学習活動にはなりません。

教師からの課題をただやっている“受け身”の姿勢に過ぎません。

アクティブ・ラーニングの視点に立った授業では，生徒の「主体的な態度」がキーワードとなります。よって，いかに，黙読に意味を持たせるか…です。

読む必要性や「読みたい！」と思わせる工夫が必要です。

その１つの方法が，リスニングで内容を聞かせた後，TFやQAを出します。（または，プリントにしてもいいでしょう）

そして，生徒に課題を与えた後，

「もし，わからなければ，教科書を見てもいいです」

と言ってみたらどうでしょうか。すると，多くの生徒は，教科書を開き，読み始めます。問題の答えを見つけようと，読み始めます。そこには，「読む目的」があるからです。なので，聞いてわかる程度の問題ではなく，多少は，難しい方がいいです。その方が，読みたいと思う気持ちを強くさせるからです。

また，答えの確認をペアでさせれば，協働型の授業に変化します。

AL成功のポイント

●課題を与え，読みたいと思わせる工夫を…！

書くことの指導

書く活動は，もっとも生徒の主体的な活動が期待できる学習活動です。「～について書きなさい」と課題が与えられると，生徒は，まず「考え」（思考），次に，「何について書くか決定し」（判断），それを「英語で書く」（表現）という「学力の３要素」の１つを扱うことになります。では，どのような点に工夫が必要でしょうか。

12 書く必然性を持たせる場面を設定する

書く活動は何のために行うのでしょうか。もちろん，「書く力をつけるため」です。では，書く力をつけるためには，どうしたらいいでしょうか。それは，「たくさん書かせること」です。何事も技能を身につけるには，「少しの指導」と「たくさんの活動」がなくてはいけません。しかし，ただ「書きなさい」というのでは，アクティブにはなりません。書く目的が必要です。そこで，場面をつくります。例えば，テストで，私は次のような問題を出したことがあります。「長若産業株式会社の社長から，『私は英語がわからないから，この手紙に何と書いてあるか教えてくれ』と頼まれました。50字程度で書きなさい」とまず読み取りを行いました。その後，「次の日，社長から，『この手紙の返事を書いておいてくれ』と頼まれました。10文以上の英語で書きなさい」というような場面設定のライティング問題です。すると生徒はテスト中，クスッと笑ったそうです。

AL成功のポイント

●書くことにも，場面を設定する等，必然性を持たせよう！

13 「最初は日本語，次に英語」の2段階で成功に導く

最終的には，「自分の思いや考えを，英語で伝えられる生徒を育てたい」と私は思います。これが，私にとってのライティング指導の目標です。決まりきったことやあらかじめ準備したものを書くのではなく，今，この瞬間に，感じたことや思ったこと等，自分の思いを英語で伝えられるだけの英語表現力をつけたいと思います。

習った英語を駆使して表現する力です。

ある時，中学2年生の3学期に，地雷のビデオを見せました。テレビを録画したもので，映像には生々しい現実が描き出されていました。途中，コマーシャルが入りました。数分ですが，生徒が何をしてよいのかわからない状態はよくないと思い，「ここまで見た感想を，ノートに書きなさい」と指示しました。もちろん，日本語でです。書いているとコマーシャルが終わり，また地雷の問題や，明るい笑顔の子供たちの生活が映し出されます。約5分程で，番組が終わりました。私は，「今度は，思ったこと，感じたこと，考えたことを，英語で書きましょう」と言いました。すると，生徒は自分の言葉で英語を書き始めました。映像の力もあったのですが，途中で日本語で書いたので，考えがある程度まとまっていたのだと思います。教科書にも，Landmines are terrible. という表現があったので，「教科書を見てもいいよ」と言っておいたのですが，生徒の多くは自分の言葉で表現しようとしていました。（参照『ビギナー教師の英語授業づくり入門9　あの先生の授業が楽しいヒミツ？　生徒がどんどんノッてくる英語指導の面白アイデア29』明治図書）

AL成功のポイント

●最初に日本語で考えさせ，その後，英語で書く。

14 変化技を使う（嘘つき英作文）

文法を学習します。その文法事項を使って自己表現をさせます。自己表現はその該当の文法事項を理解し，定着させるのに有効な手段です。自分で文を作ると表現の仕方もわかりますし，文法のポイントを理解することができます。アウトプットは最良のインプットでもあります。

でも，そんな時に，真っ正直なライティングでもいいのですが，上記のように変化技も生徒は楽しみます。何より，どこを嘘にするのか，考え，判断し，表現しますので，生徒の思考力を鍛えることにもなります。

例えば，こんな風に英作文します。

Last night, I went to bed at 2:00.　I was really busy.
I did my homework and studied English and math.
I had dinner at 7:00.　I didn't watch TV last night.

生徒に発表させ，どこが嘘かを生徒が当てるようにすると，集中して【聞く】という活動を保障します。また，英語通信等に載せて，印字すると，【読み取り】の活動になります。

書いたものを読む。書いたものを話す。話したものを聞く…というように，活動は発展していきます。

AL成功のポイント

●書こうという意欲を引き出す。

15 協働的に書くライティングリレー

4人組で対話文をそれぞれ書いてきます。およそ1分後，ベルを鳴らします。すると生徒は時計回りで，書いた紙を回していきます。もらった人は，その続きを書きます。

例えば，

A：Where are you going?

B：It's secret. Where are you going?

A：I'm going to...

でベルが鳴り，紙が回ってきたら，その続きを書いて，話をつないでいかなくてはいけません。

そこで，

A：I'm going to Hokkaido.

B：Why?

A：I will meet Arashi and eat...

とつなげます。

1回目のベルはおよそ1分～1分30秒。2回目は，前の人が書いた英文を読む時間を考慮し，2分でベルを鳴らし，3回目は2分30秒。そして，4回目は3分時間をとり，話をうまくまとめて元の人のところに戻って来るようにします。そして，4回目のベルで，自分のところに紙が戻ってきますので，話の展開がどうなったか，興味深く読む姿が見られます。

AL成功のポイント

●同じ活動でも，グループでやったらどうなるか…と考えてみる。

これからの英語授業

アクティブ・ラーニングは，まだ始まったばかりです。

特に，仲間と協力して課題を解決する「協働学習型」の英語授業は，これから研究の余地があるでしょう。

しかし，ゼロから考えなくてもよいのです。

基本は，今ある授業です。

今ある授業に，アクティブ・ラーニングの視点を入れ，要素をあてはめてみればいいのです。

また，「習得―活用―探究」という３段階の学習過程があると同時に，「主体的な学び」「対話的な学び」「深い学び」という３つの学びスタイルがあります。

「活動あって学びなし」とならないように，授業にねらいを位置づけ，英語活動を通じ，生徒に，なんらかの学びを保障しなくてはいけません。

アクティブ・ラーニングは，これからです。

今ある授業を少し変えて，みなさんで取り組んでいきましょう。

中学２年生で，must /have to を学習します。

そんな時，学校ルールを英語で書かせる実践は，きっと今までにもあったことでしょう。

それを，グループで活動させれば，「仲間とともに…」のねらいに迫ることができます。

英語を使うにしろ，個人プレーではなく，協力して，みんなで行うようにさせるのです。

それにより，英語の苦手な生徒も，班で教えてもらったり，気軽に質問できたりし，主体的な学びとなるはずです。

協働学習では，「先生は１人よりも大勢いた方がいい」と言われます。先生が黒板の前で立っているのと，各班に先生が１人ずついるのとでは，先生が多い方が効率的です。

また，教える方も学びます。

よく理解していないと，人には教えられませんから，上手に説明できるということは，その人がよく内容を理解していることになります。

さて，先ほどの must/have to ですが，グループで

このルールはなくした方がいいというものを班で１つだけ選ぼう

という課題を出してみましょう。

すると，生徒は班で話し合い，１つを決定する「協働的な活動」に変化するでしょう。

Chapter 3

アクティブ・ラーニングが成功する 場面指導のアイデア

アクティブ・ラーニングを目指すためには，英語授業全体をアクティブ・ラーニングという視点で見直す必要があります。これらは英語授業に限らず，普遍的な教授行為となりますので，そういう意味では，他教科の教育書からも学べるのではないかと思います。

例えば，本章で示す「板書を写す」という場面です。私が新任の頃は，「書くことは授業の最後。なぜなら，書く活動は，時間の差が生まれてしまうから」という教えでした。私もその通り！と思い，まとめの場面で書く作業は，授業の最後に位置づけていました。これはこれで正解だと思いますが，その書く時間差を補う方法で，「先生と同じスピードで書いてみよう」「先生が書き終えた時に，みんなも書き終えていたらいいスピードだね」という指示で板書を写させたりしました。これは私が小学校で算数や国語，社会を教えていた時によく言っていた指示でした。なので英語授業に限らず普遍的とはそういう意味であり，他教科から学べる事実でもあります。

さらに私は次のように言います。

早く，丁寧に書けることも，勉強のうちです。

つまり，書くことに「目的」を持たせるのです。

早く書けることも学力のうちの1つです…というメッセージを生徒に投げかけます。

すると，生徒も「早く書く力も必要なんだ」という主体性を持った学習活動になります。

しかし，単に「早く書きなさい」では，雑に書いてしまう生徒がいます。

そこで，「早く，丁寧に」というのがキーワードとなるのです。

中には当然，書き写すのが遅い生徒がいます。

それでも，この指示により，より多くの生徒が書くスピードが揃うこととなります。

つまり，「早く書きなさい」の「早く」とは具体性がないのです。

早くってどのくらいのことなのか…ということです。

笑い話ですが，私が小学校に勤めていた時，小学生がたらたら歩いてこちらへ向かっていました。

そこで「早くしなさい！」と叫びましたが，まだゆっくりたらたら歩いています。

そこで，「走りなさい！」と言ったら，児童は走って来ました。

具体的な指示の必要性を感じるとともに，もしかしたら，彼らにとっての「早く」は，何が早くなのか理解しがたいことだったのかも知れません。

本章では，アクティブ・ラーニングを目指した際必要となる細かな指導技術について紹介し，このような些細な技術を気にしてもらいたいと思います。

1 板書を写す場面

教師が黒板に書き，それを生徒が写します。そんな時に，生徒のゆっくりな行動は打破しなくてはいけません。早く写すことも，学習のうちの１つであることを生徒に伝え，教師と同じペースで書くように指示します。また，教師が板書したものをすべて書こうとする生徒もいます。書き始めた後で，「これ書かなくてもいいから」というようなことのないようにします。

◎ 先生と同じスピードで書きましょう

板書する時には，次のように言います。

T：先生と同じスピードで書きましょう。
先生が書き終えた時に，“Finish!”と言えれば，とてもいいです。

と言って，やや最初はゆっくり目に，声に出しながら，板書します。

例えば，

T：Shall..... we ....play judo..... tonight......?

C：Finish!!

T：いいペースだね。赤ペン出して！ Shall we.... に線を引きます。
これは，「～しませんか？」という意味です。

と言って，教師も赤で線を引き，黄色で意味を書きます。

T：「～しませんか？」と言われたら，“Yes, let's.”（いいよ）とか，“Sure.”（もちろん）というように言います。断る時は，“Sorry, I can't.”のように言います。

C：Finish!

T：すごく，いいペース…。ここまで書けた人？

と聞くと，生徒は手を挙げます。

アクティブ・ラーニングのポイントは，可視化です。

生徒の学習状況を確認する必要があります。それが，“Finish!”という掛け声です。

AL成功のポイント

●生徒の活動状況を可視化する！

2 発表の場面

指名なし発表というのがあります。教師が生徒を指名するのではなく，生徒が自分から席を立ち，発表するスタイルです。これにより，生徒は自発的，主体的な態度となります。指名なし発表は，TOSS（向山洋一代表）の優れた技術です。英語の授業でも，多くの場面で活用可能です。生徒の主体的な態度を育てるためにも，ぜひ！授業で取り入れたいものです。

◎指名なし発表

スピーチやスキットでの発表の時に，順番は決めずに，やりたい生徒から前に出てきて発表するスタイル…これが「指名なし発表」です。ねらいは，「自分から発表しようとする気持ちを育てること」にあります。人から指名されて動くのではなく，自分の意思で発表しようという生徒を育てたいです。

しかし，「やりたい人は前に出てきます」と言っても，人前で自ら率先してスピーチなど，やりたい生徒などいません。そこで，大きな枠組みだけは伝えておきます。

T：今からスピーチ発表をします。40分ありますので，１人１分としても34人ですから，十分時間はありますね。指名はしません。やりたい人から前に出て発表します。
ただし，時間内に発表できなかったら，評価はゼロです。

この最後の１文を付け足すことで，全員がいつかはやらなくてはいけないんだ…ということを感じとらせます。

当然，もし，時間内にできなかった生徒がいたら，こっそり教師の前で発表させ，フォローをしていくことは忘れてはいけません。時々，います。

また，私は次のように言う時もあります。

T：勇気を出してこう！　勇気は，**言う気**だよ。

このような授業を１回でもやると，次からは，生徒はそういうものだ…と思い，スムーズにいきます。

そして，先に発表した方が気持ちがラクになることに気づき，どんどん発表し，時間がかからずに終わり，時間が余ってしまうことすらあります。

AL成功のポイント

●発表は生徒の自発的な気持ちで！

3 プリント学習の場面

プリントでの学習場面です。基本は,「教師のところに来させる」です。そして,早い子も遅い子も,それぞれのペースで満足するように,個別の課題を用意しておきます。また,何度か生徒のプリントにチェックを入れます。チェックを入れることで,学習内容が理解できているかどうか確認することができます。

◎できたら先生のところに持ってくる

プリントを配り,生徒は問題をやります。同じ活動が長く続くのは,学習環境としてよくありません。そこで,小刻みに,「問題２が終わったら,先生のところに持ってきます」のように言い,生徒を動かします。と同時に,生徒がちゃんとやれているかどうか,理解できているかどうか,間違ったまま問題を進めていないかどうか,丁寧にできているかどうか…等,チェックすることができます。ピリオドが抜けていたり,大文字で書き始めていない場合は,書き直させて,持って来させます。

◎全部終わった生徒は答えを板書する

すべて終わってしまった生徒には,「問題２（1）と（2）を黒板に書いて」と言って,答えを書いてもらいます。当然,それを見越し,黒板に答えが書けるように用意しておきます。

問題２（1）	問題３（1）	問題４（1）
（2）	（2）	（2）

そして,まだやっている生徒に向けて「だんだんと黒板に答えが出てきます。もしわからなかったら,黒板を参考にしてもかまいません」と言い,英語の苦手な生徒への配慮とします。

◎ワークシート上の必需品

ワークシートを作成する場合,次の３点が作成上の留意点になります。

１つ目は,「最初の問題は,誰もができる問題にする」ということです。語句をなぞればできてしまう問題にしたり,基本文を少し変えればできる問題にしたりします。

２つ目は,「終わった生徒の発展問題を用意しておくこと」です。

３つ目は,「学習内容がわかったかどうかの自己評価欄を作っておくことです。

AL成功のポイント

●途中で生徒の達成度を確認する！

4 文法指導の場面

英語教師の絶対にやらなくてはいけない指導内容に「文法」があります。アクティブ・ラーニングの手法で文法を導入し，練習し，まとめを行うには，どうしたらいいでしょうか。アクティブ・ラーニングの本質に「主体性」がありました。文法を学ぼう，使ってみよう，覚えようと思わせるためには，「文法学習の楽しさ」を味わわせましょう。

◎導入　～「ネタ」の楽しさ～

まず導入です。文法指導の導入は，「楽しいネタ」が勝負です。更にそのネタが，その後の活動で応用が効くものがいいです。導入はしたが，その後の活動とは大きく方向性が違っていては，生徒は迷います。すべてとは言いませんが，導入した英文で，その後，生徒が自己表現できるのがいいでしょう。また，導入とは，「理解させるところ」までです。今日の文法はどういうことなのかを理解するところまでが「導入」です。

◎展開　～「活動」の楽しさ～

導入した文法を，今度は使えるように練習する場面が「展開」です。ここは，「活動の楽しさ」で生徒を導きます。1つはゲームの要素を取り入れた活動を行います。ゲーム形式で行うことにより，ターゲットとなる文法を何度も何度も声に出し，使わせることができます。

何も用意しておかなくても，生徒に目をつぶらせ，「北海道に行ったことがある人？」と聞き，手を挙げさせれば，ゲーム活動ができます。生徒は目を閉じていますので，当然，誰が手を挙げているかわかりません。目を開けさせ，次のように言います。「このクラスに北海道に行ったことのある人が8人いました。北海道に行ったことがある人をできるだけ多く探しましょう」。これにより，生徒は“Have you ever been to Hokkaido?”を何度も言うことになります。

◎まとめ　～「わかる」楽しさ～

楽しさには，「わかる楽しさ」もあります。授業内容がわかると生徒は楽しく感じます。そこで，文法を学習したら，きちんと「整理」してあげなくてはいけません。板書して，今日の学習のポイントが目で見てわかるように，大事なポイントを確認していきます。そして，その後，理解できているかどうかプリントで確認していくようにします。

〈参照〉『目指せ！英語授業の達人　絶対成功する！英文法指導アイデアブック』学年別（明治図書）
『ビギナー教師の英語授業づくり入門11　中学の英文法！楽しい導入アクティビティ・アイデア集』（明治図書）

AL成功のポイント

●楽しさの連続で生徒を導く！

5　音読指導の場面

音読の究極の目標は「つっかえずに読める」です。とりあえず，つっかえずに読めれば合格です。つまり，すらすら言えるということです。それができて，「感情を込めて」とか「群読」とか，「朗読」や「発音指導」等が可能になります。第５章でも音読はとりあげますが，本ページでは，様々な音読メニューを書き連ねます。100通りの音読指導を目指しましょう。

◎音読メニュー

教師は目の前の生徒の様子を見て，音読活動を選ばなくてはいけません。そんな練習メニューをできたら100個を目指し，身につけましょう！

□1　ゆっくりリピート
□2　早めにリピート
□3　スラッシュ音読
□4　教師が日本語，生徒が英語
□5　ペアで1文交代
□6　教師と生徒で1文交代
□7　立って1回，座って何回も
□8　四方読み
□9　一息読み
□10　○10個読み
□11　1分間リーディング
□12　2分間リーディング
□13　ペアで1分間リーディング
□14　ペアで2分間リーディング
□15　追い抜き読み
□16　BGM読み
□17　場面読み
□18　2度読み
□19　2度目は隣に向かって読み
□20　ジャンケンで負けた人が読む
□21　ジャンケンで勝っちゃった人読み
□22　ジェスチャー読み
□23　イチゴ読み
□24　暗記読み
□25　Read and Look up
□26　時差式　Read and Look up
□27　逆さ読み
□28　すかし読み
□29　役割読み
□30　つっかえない読み
□31　ジャンケンで負けた人は見ない
□32　男子と女子で　役割読み
□33　徒歩と自転車通学で役割読み
□34　教室の半分で役割読み
□35　背中合わせ読み
□36　前後のペア読み
□37　斜めのペア読み
□38　たけのこ音読
□39　シャドウィング
□40　ペアで同時読み
□41　CDのあとにリピート
□42　CDと同時読み
□43　1人1文読み
□44　1人2文読み
□45　グループ音読
□46　クラス音読
□47　息だけ読み
□48　出会い読み
□49　障害物読み
□50　Buzz Reading
□51　ゴング 交互読み
□52　スラッシュを引きながら音読
□53　スラッシュの試し音読
□54　文字消え音読
□55　続き音読
□56　一語交代
□57　一語交代　練習読み
□58　一語交代　競争
□59　発音留意読み
□60　リエゾン留意読み

AL成功のポイント

●変化のある音読で楽しく！何回も！

6 内容理解の場面

内容理解の方法も多々あります。内容理解のポイントは，正しく英文が読めることです。生徒はオーラルイントロダクションや音読等を通して，おおよその内容は理解しているでしょう。

そこで，「概要理解」から「要点理解」へと迫る「発問」や「活動」を仕組み，内容理解をさせていきましょう。

◎ワークシートで内容理解

あらかじめ，ワークシートを用意しておき，①日本語で質問し，日本語で答えるQA問題 ②英語で質問し，英語で答えるQA問題 ③英語で書いてあるTF問題 ④日本語で書いてあるTF問題 ⑤要約文の[　　　]に入る語を答える問題 など，生徒に読ませ，内容理解を深めるようにします。アクティブ・ラーニング型で考えると，時間制限を設け，積極的に内容理解を図ろうとする生徒を育てます。

◎協働学習型 ＊詳細は，Chapter 4「探求の場面」参照

❶グループでの読み取り

グループ（またはペア）で，英文の読み取りをさせます。「わかったこと」「疑問に思ったこと」等を書かせ，内容理解を図ります。10分くらい時間をとった後，発表します。

❷読み取った内容を英語で書く

特に対話文などでは，わかった内容を英語で書かせていきます。すると，この活動がリテリングの活動となります。

❸読み取った内容に関する質問を英語で書く

本文の内容についての質問を作ります。最初は日本語で質問を作らせてもいいですが，徐々に英語で質問が作れるようにします。質問を考えることは，主体的な学習につながります。

◎絵の並べ替え

音読や本文導入の前に，おおまかな内容（概要）を理解する方法として，黒板にピクチャーカードをバラバラに貼り，そこにA～Gのように記号を付けておきます。生徒はCDを聞きながら，場面を理解し，ピクチャーカードの並べ替えを行います。1回聞き終わったら，「もう一度聞きたい人？」と尋ね，数回は聞かせてもいいでしょう。また，これをペアで行えば，協働学習になります。

AL成功のポイント

●読み取った内容を“可視化”する！

7 単語指導の場面

単語指導の最終目標は，「単語が書けるようになる」ということです。単語が読めればいいのではありません。単語の意味がわかればいいのではありません。単語を書けるようにするのが単語指導の目的です。Chapter4の「習得の場面の活動アイデア」でも単語の習得法については載せてありますが，まずは，単語が読めるようにするところからスタートします。

◎文字には音がある

試しに，「読めないけど書ける漢字」って，ありますでしょうか。そうそうないと思います。同様に，英語も**「読めない単語は書けない」**と思った方がよいでしょう。ということは，単語指導のスタートは，当然「読み」の指導から入ります。まずは，読めるようにするということです。こういうことは，生徒に語っておくとよいでしょう。

そこで，「文字には音がある」ということを生徒に教えます。

単語をフラッシュカードで見せます。この時，いきなりリピートはしません。

例えば，village なら，最初の vi を指で指しながら，「ここなんて読む？」と聞きます。

または，読ませた部分だけを見させるために，カードを折ったりもします。

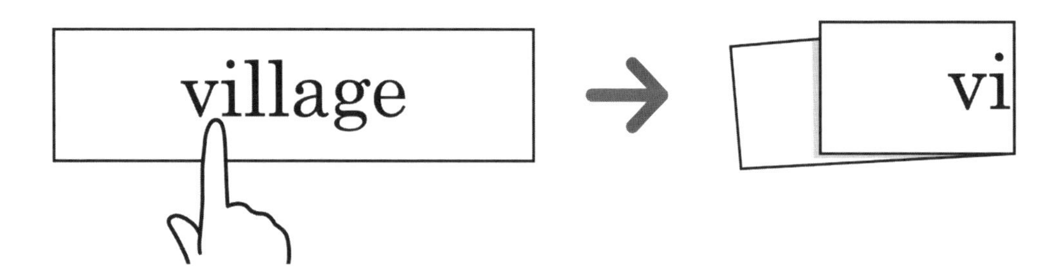

すると，生徒は，「ヴィ」と言ってきます。次に，lla を指さし，「ここは？」と言います。「ラ」と言ってきたら，「リィと読みます」「ヴィ・リィとなります。」「最後は？」と言って，ge を指さします。すると「ジ」と言ったり，「ゲ」と言ったりします。

そこで，

「最後の e は，発音しませんので，ジとなります」

「最初から言うと，ヴィリィジとなります」

と言って，ここで“Repeat!”と言い，教師の後に数回繰り返させ，発音指導をします。

AL成功のポイント

●主体的な読みにつながるように指導する！

8 テスト返却の場面

テスト返しも，生徒を受け身にするのではなく行いたいです。私は通常，毎回の定期テストの配点を，❶聞くこと（20点）❷読むこと（40点）❸言語文化（20点）❹書くこと（20点）のように固定します。このように固定することで，前回のテストと比較することができるのです。また大事なことは，テスト返却前に伝えておきます。

◎テストの解説は，テスト返却前に！

多くの教師は，テストを返却すると解説をするでしょう。しかし，テストを返却された後で解説の時間をとっても，生徒はなかなか教師の話を聞かないものです。なぜなら，テストが返されると，生徒は得点が気になり，計算をしたり，どうしてここの問題が間違えたのだろう…と考えたり，100点だった生徒は，教師の解説を聞く必要性を感じなかったり，生徒の思いは個々バラバラです。そこで，テストを返す前に，まず，生徒の達成度が低かった，つまり正解が多くなかった問題について，解説をしてしまいます。その後で，テストを返却します。解説は済んでいますので，あとは採点ミスや見直しを各自時間を制限して行わせればいいのです。

◎テスト分析を行う

さて，みなさんは，生徒にテスト分析をさせていますか。生徒に主体的な学習活動をさせるには，テスト結果をしっかり振り返らせることが大事です。そのため，私は p.54のような分析シートを使って，どこの部分がよくて，どこの部分に課題があるのかを一目でわかるように，生徒にグラフ化させます。だから，テスト問題は，ある程度，配点を固定しておくのです。生徒の課題や伸びがわかるように…です。

この分析により，生徒は，グラフで表しながら，「ああ…読みがだめだな…」「書くことが課題だ…」のように振り返ることができ，英語学習への課題を確認させることができます。

◎学習意欲調査

また同時に，生徒の学習意欲や，そこまでやってきた学習への意識調査を同時に行います。ここを行うことで，教師が英語授業で何を大切にしてたのかを，生徒に再認識させることができます。学習意欲調査は，定期的に実施し，生徒の思いや考えを把握するように努めます。
特別な時間をとるよりも，テスト後の隙間時間を利用して，p.55の学習意欲調査（意識調査）をとっていくとよいでしょう。

AL成功のポイント

●主体的な学習につなげるテスト結果分析！

分析シート

Grade ( ) Class ( ) Number ( ) Name ( )

【ステップ①】 点数を記入してみよう。

聞くこと	言語文化	読むこと	書くこと
18 点	20 点	34 点	17 点

【ステップ②】 次の評価基準で、AA, A, B, C, CCと、記入してみよう。

【聞くこと・言語文化・書くこと】
AA（18-20 点） A（16-17 点） B（10-15 点） C（4-9 点） CC（0-3 点）
【読むこと】
AA（36-40 点） A（32-35 点） B（20-31 点） C（8-19 点） CC（0-7 点）

聞くこと	言語文化	読むこと	書くこと
AA	AA	A	A

【ステップ③】 線で結びグラフにしよう。

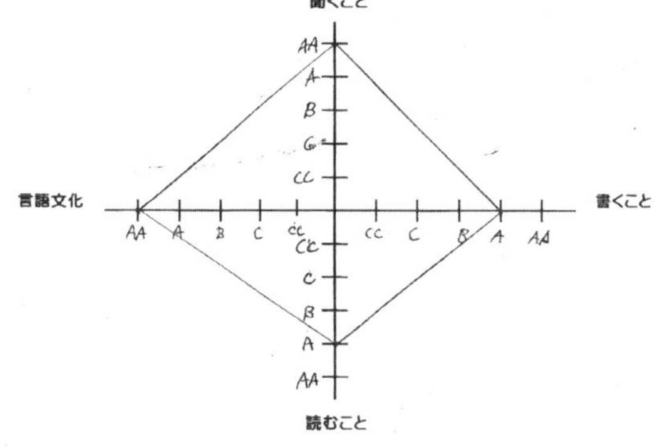

【ステップ④】 グラフを見て、自分ががんばらなければいけないことを書いてみよう。

読むことがやや苦手だったので授業の本文理解のときにもっとしっかり読みたいと思う。書くことも少し足りないので自己表現のときの授業で補いたいと思う。

テスト結果を自己分析してみよう！

Grade ( ) Class ( ) Number ( ) Name ( )

【ステップ①】 点数を記入してみよう。

聞くこと	言語文化	読むこと	書くこと
20 点	19 点	40 点	14 点

【ステップ②】 次の評価基準で、AA, A, B, C, CCと、記入してみよう。

【聞くこと・言語文化・書くこと】
AA（18-20 点） A（16-17 点） B（10-15 点） C（4-9 点） CC（0-3 点）
【読むこと】
AA（36-40 点） A（32-35 点） B（20-31 点） C（8-19 点） CC（0-7 点）

聞くこと	言語文化	読むこと	書くこと
AA	AA	AA	B

【ステップ③】 線で結びグラフにしよう。

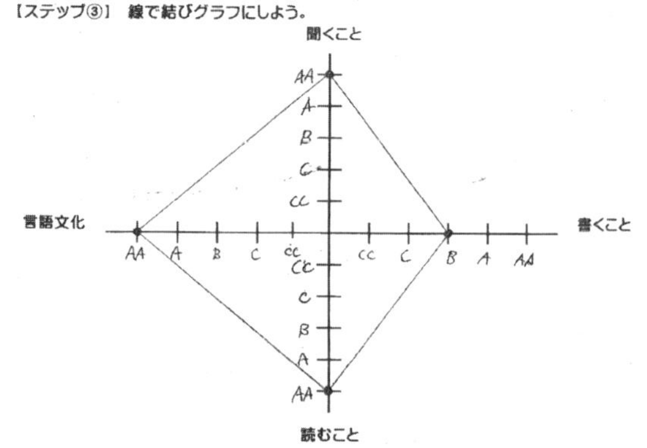

【ステップ④】 グラフを見て、自分ががんばらなければいけないことを書いてみよう。

ぼくは書くことが「B」だったので、プリントの最後にある自分で考えて書くところを意識して取り組みたいです。

学習意欲調査

英語学習への意識調査

Grade　　Class　　Number　　　　Name

4（はい）　3（どちらかというとはい）　2（どちらかというといいえ）　1（いいえ）

〈英語の学習について〉

1　あなたは，英語が好きですか。　4　3　2　1

2　あなたは，英語の授業は好きですか。　4　3　2　1

3　あなたは，英語の授業は楽しいですか。　4　3　2　1

〈仲間とともに課題を解決することについて〉

4　あなたは，グループ学習において，積極的に話し合いを進めたり，発言したりしながら，課題を解決しようとしましたか。
4　3　2　1

5　あなたは，グループ学習において，積極的に話し合いに関わろうとしましたか。
4　3　2　1

6　あなたは，「仲間とともに課題を解決しよう」と力を発揮することができましたか。
4　3　2　1

〈主体的な学習について〉

7　あなたは，積極的に音読や内容理解，英会話，英文の聞き取り，スキット発表等，英語の学習活動に，一生懸命取り組みましたか。
4　3　2　1

8　あなたは，わからないこと，疑問を持ったことなどを，友達に聞いたり，先生に尋ねたり，辞書を引いたりしながら，主体的に学習に取り組みましたか。
4　3　2　1

9　あなたは，家に帰って，必ず英語の自学（1ページ以上）をしましたか。
4　3　2　1

10　いろいろな自学メニューを取り入れ，創造的な学習ができましたか。
4　3　2　1

〈英語の学習を振り返って〉 ＊自己の成長や授業の感想等を書きましょう。

振り返りの仕方

振り返りの仕方も教えなくては,「楽しかった」「次の英語もがんばる！」「単語を覚える」「もっと英語を使ってみたい」という一般的な振り返りで終わってしまいます。私は「振り返りには研究の余地がある」と考えていますし，やはり「振り返り」にも指導が大切なんだと思います。

当然，振り返りにも目的があるわけですから,「今日の勉強で学んだことを書いてみよう」では，用を足しません。これからの英語授業では，アクティブ・ラーニングの視点に立って行うことから考えると，当然

①主体性

②仲間とともに課題を解決する

という２つを意識しなくてはいけません。

例えば，①の主体性では,「今日の授業でわかったことやできるようになったことは何ですか」「まだ不十分なところはどこですか」「家でどんな勉強をしますか」という

・わかったこと　・不十分なところ　・家庭学習でやること

を振り返らせるようにします。

そして，②の仲間とともに課題を解決するでは,「友達から学んだことは何ですか」や,「友達との学び合いの中で，新しく知ったことや，学んだことは何ですか」を生徒に問いたいです。

これは，どちらかというと課題解決を図った後に，振り返らせ，①は，授業の最後に振り返りをさせたいです。

また，生徒には，よい振り返りの方法を教えるためにも，よい振り返りをしている生徒の文章を英語通信等に載せ，広めていくとよいでしょう。初めは２割くらいの生徒しかいなくても，だんだんと４割，６割と生徒の振り返り力がついていく生徒が増えていくと主体性へとつながるのだと思います。

最近の生徒の振り返りです。

- 前回より，あいづちも結構増えたし，日ごろの英語も増えました。毎日，友達との英語で話すことのバリエーションも増えました。でも，もっと質問したいです。
- 最初の方は，質問ができなかったけど，だんだんとできてきたので良かったです。質問に答えるのは少し悩んでしまったので,「パッ」と出るようにしたいです。
- 質問に早く応じることがいつもよりできたと思います。次はあいづちをもっとしたいです。

Chapter 4

習得・活用・探究場面で使える！
アクティブ・ラーニングの活動アイデア

本章では，「習得」「活用」「探究」を扱います。

「習得」とは文字通り，ある知識や技能を「習得」することにあります。学力の3要素でいう1つ目の「基礎的・基本的な知識・技能」ということです。この知識や技能を確実に学び，身につけることが，「習得」となります。「単語」の習得，「文法」の習得，「聞くこと・話すこと・読むこと・書くこと」の習得，「音読技能」の習得等，生徒は多くの知識や技能を身につけることを指します。ポイントは，「何を」「どこまで」生徒に習得させるかという教師なりのゴールの設定です。例えば，音読（力）を習得させたければ，どういう状態にしたいのかを教師が明確に持っていることです。

「活用」とは，身につけた知識や技能，また身につけつつある知識や技能の「使う」場面を設け，ターゲットとなる言語の「活用力」を育てることがねらいとなります。つまり，既習事項のすべてを総動員し，英語を組み立て，自分の表現したいことを相手に伝えたり，相手の言いたいことを理解したりする総合的な学習活動となります。この「活用」場面を通して，生徒は英語の使い方を理解し，習熟し，英語を使用しなくてはいけない新しい場面に出くわした時にも，個々のレベルに応じて，不自由なく使用することができるようになります。ポイントは，既習事項をまさしく活用できるように，「課題を設定すること」です。マジカルクイズ（p.92参照）で「傘」を生徒に説明させようとすると，We use this when it is raining. となり，また「箸」なら We use this when we eat. となり，接続詞の when を使わせることができます。活用させるための学習課題，学習活動の工夫がポイントです。

「探究」とは，その言語を用いて，深く調べたり，整理したり，まとめたりし，それを他者に伝えたりするような活動となります。プロジェクト学習とも呼ばれ，大きな1つの単元での構成となる場合もあれば，1時間の中で，例えば，深い読み取りをさせるために，グループで読ませたりし，疑問点などを出し合い，それを解決できるように授業をコントロールする短時間の「探究活動」もあります。これからは，英語で世界に発信するためにも，プレゼンテーション等，調べたものを発表する活動も入れていき，そのことで英語発信力や英語学力がつくようにしていきたいです。また物語の続きを書いたり，要約文を書いたりすることも思考を促し，深く読み取ることから探究と位置づけることもできます。教科書にも，それを目指した単元があるはずですので，「探究型の英語授業」として，意識して教材研究をしてみると面白いでしょう。ポイントは，単元の指導計画と予想される生徒の疑問点をあらかじめ考察し，資料提示がいかにできるかだと思います。

1 音読のできる生徒を育てる活動

音読指導は，英語授業に欠かせない大切な学習活動です。
私は，音読指導の究極の目標は，「つっかえずに読める」です。
では，「つっかえずに読めるようにする」には，どうしたらいいでしょうか。
大きく分けて，３つのポイントがあると思います。

①スモールステップにより音読指導をする。
↓
②個人練習の時間をとる。
↓
③個別評定をする。

その１つ１つをアクティブ・ラーニングの視点で，活動を保障するようにします。

①音読10回を目指す

AL型 主体性のある学び　対象 全学年　活動時間 約５分～７分

すらすら読めるようにするには，10回程度の音読回数が必要です。
しかし，10回音読は生徒にとってみると苦痛です。
でも必要な活動なので，我慢してやってもらわなければいけません。
そこを主体的に音読させるには，後で「個別に読む」という活動の予告や，内容理解をするにも，音読ができないと内容理解できないこと，音読することで，よい発音を身につけることなどの目的を語り，理解してもらう必要があります。

音読10回の私のルーティンです。

①教師の後にゆっくりリピート。（１回）

＊この時，１文が長ければ，短くし，リピートしやすいようにします。

②少し早めにリピート。（１回）

③１文ずつリピート。（１回）

④スラッシュ（斜めの線）を引かせながら，リピート。（１回）

⑤正しくスラッシュが引けたか確認しながらリピート。（１回）

⑥スラッシュ毎に教師が日本語を言い，生徒は英語で言う。（１回）

ここまでやったところで，教科書の上の方に「○を10個」書かせます。

そして，何回読んだか尋ねます。

生徒は，「５回？」「６回？」「10回？」などと言ってきますが，６回読んだことを伝えます。そこで，○を６個，塗らせます。

Lesson 4 A Trip to Canada 2

ミキとタケルがカナダ旅行について話しています。

そして言います。

「立って１回，座って何回も読みます。１回読み終わったら，○を１個塗ります」

「時間は３分間とります」

「つっかえずに読めるように練習しましょう」

このようにして，個人練習の時間をとります。

②音読の個別評定

AL型 主体性のある学び　対象 全学年　活動時間 約２分～７分

個人で練習させたら，どのくらい読めるようになったか，チェックすることが大事です。

学力の定着は，評価することにあります。

活動後に評価することによって，生徒は練習にも身が入ります。

音読練習をして終わってしまうと，だんだんと生徒は音読しようとしなくなります。

やってもやらなくてもいいや…と思うようになってしまいます。

多少の緊張感が，生徒をやる気にさせます。

さて，個別評定のやり方です。

①列指名で１人１文ずつ読ませる。

②数行ずつ，何人かに読ませる。

③読みに挑戦したい生徒が自主的に読む。

→プラスの評価として，記録する。

④単元後に，音読テストを課す。

→評価する。

- つっかえずに読めればＡ。
- 発音やイントネーションが適切ならばＡＡ。
- 感情を込めて読んだり，表情豊かに読めればＡＡＡ。

⑤どこか１文だけ指定し，上手に読めれば合格。

⑥１分間で，何回読めるか，自己チェックさせる。

⑦ペアですらすら読めるように練習させ，自己評価。

⑧ペアでお互いに，つっかえずに読めるかチェックする。

⑨ストップウォッチをペアに持たせ，規定時間で読めるよう練習し，チェック。

→100円ショップ等，ペアの数分購入する。

⑩ペアで同時に読んで評価する。

③楽しい音読活動

AL型 主体性のある学び　対象 全学年　活動時間 約３分～５分

❶たけのこ音読

「たけのこ音読」とは，TOSS（教育技術の法則化運動）における国語の音読方法を英語の授業に活用したものです。

名前の通り，「たけのこ」のように生徒がにょきにょきと立ち上がり，１文ずつ音読していくのです。２人以上の生徒が同時に立った時には，同時に読みます。

これにより，「指名されて読むのではなく，自分から読もうという気持ちを育てる」ことになります。

読む文も自分で選ぶことができるので，生徒の選択権が保障され，より主体的になります。

●導入その１

最初は，対話文などで，短い表現が入っている場所を選び，導入してみるといいです。

例えば，

Tom : What do you have in your hand?

Yuki : I have a picture of my dog.

Tom : Really? Is this your dog?

Yuki : Yes. It's Lucky.

Tom : Wow! It's a cute name.

Yuki : Thank you. Do you have any dogs?

Tom : No. But I want one.

という対話文があったとします。

この対話文には，Really? や Yes. Wow! Thank you. No. 等，比較的短い表現が盛り込まれています。やんちゃな男の子は，面白がって，この短いところを狙って読んできます。

当然，教室に笑いが生まれます。

それでいいのです。

楽しく読むという雰囲気が大切です。

こんな風になります。

発問１

ユキとトムの会話ですね。英文がいくつありますか？

生徒は，文の数を数えます。

教師も，「１つ，２つ，３つ…」と数えます。

12個あります。

そこで，

説明１

今から，「たけのこ音読」をします。読みたい人が自由に立って，１文読みます。

同時に立ったら，できるだけ声をそろえて読みます。

最後まで，まるで１人の人が読んでいるかのように読めれば，合格です。

では，始めます。どうぞ…。

と言って，最初の１文を読む生徒を待ちます。

最初の１人が出れば，あとはうまくいきます。必ず，誰かしら，最初の文を読むはずです。

少し経つと，立って，What do you have in your hand? と読みます。

すると，最初に立った生徒に感化され，I have a picture of my dog. と生徒は立って読みます。

そこまでくれば，Really? と数名が立って読むでしょう。

ここで笑いが出るはずです。

そして，

Is this your dog?

Yes. It's Lucky.

Wow! It's a cute name.

Thank you.

Do you have any dogs?

No. But I want one.

と最後まで言ったら，次のように聞きます。

発問２

今，立って，読んだ人？

生徒は手を挙げます。

指示１

教科書の上にAAと書きなさい。

このように短く評価します。

該当ページの上の方にAAと書かせるのです。

その後，すかさず，

指示２

２回目行きます。
よーい…。どん！

と言うと，先ほどとは違い，多くの生徒が意欲的に，読んでくるようになります。

これが，導入方法の１つです。

●導入その２

もう１つの導入法は，次のように行います。

指示１

１人１文，読みます。自分が読みたいなあ…と思う文を１つ，線を引きます。

初めてのことなので生徒は戸惑うかも知れませんが，どこか１文に線を引きます。

この時，先ほどのYes. やNo. Really? 等，「短いところでもいいのですか？ 」という質問があると思いますが，「いいです」と答えます。

その後，

説明１

今から，たけのこ音読をします。たけのこのように，にょきにょきと立ち上がって読みま

す。上から読んでいきますが，自分が線を引いたところに来たら，立って読みます。何人か同時に立ったら，できるだけ声をそろえて読みます。誰も読む人がいなければ，先生が読みます。まるで１人の人が読んでいるかのように，すらすら～～と読めれば合格です。

と言って，音読の仕方を説明します。

そして，「よーい。どん！」と言って，読みが始まります。

１回終わると，すかさず，

指示２

もう１か所，線を引きます。

と言って，２か所読むようにします。

すると，１回目よりかは，多くの文に線が引いてあるので，空白の文がなくなり，生徒だけで，上から下まで，音読がスムーズにいくようになります。

終わったら，

指示３

さらにもう１か所，線を引きます。

と言って，３文読ませるとよいでしょう。

だんだんと生徒の立つ回数が増え，まるで群読を行っているような感じです。

最初１文から，３文へと増えることで，音読にも元気が出てきて，生徒の達成感も確実です。

最後には，生徒に「しっかり読めた人？」と聞き，活動の評価とします。

これが「たけのこ音読」です。

❷追い抜き読み

教科書がある程度読めるようになったら，「追い抜き読み」をさせてもいいでしょう。

私はこれを，英語教育達人セミナー（谷口幸夫氏主宰）で，学びました。

先ほどの対話文でいくと，次のようになります。

ジャンケンに勝った人は，上から読んでいきます。

負けた人は，ジャンケンに勝った人が３行目の Really? Is this your dog? まで読んだら，上から読んでいって，相手を追い抜きます。

当然，最初は，追い抜けないようでいて，やってみたら，可能かな…と思うくらいの範囲とします。

１回終えると，「追い抜けた人？」と聞きます。

もちろん，最初から追い抜くことはできません。

Tom : What do you have in your hand?
Yuki : I have a picture of my dog.
Tom : Really? Is this your dog?
Yuki : Yes. It's Lucky.
Tom : Wow! It's a cute name.
Yuki : Thank you. Do you have any dogs?
Tom : No. But I want one.

そこで，「２回戦を行います」と言って，ジャンケンをさせます。

そして今度は，「ジャンケンに勝った人が２行目のI have a picture of my dog. まで読んだらスタートします」と言います。

ジャンケンに勝った人は読み始めます。

終わると，「追い抜けた人？ 」と聞きます。

そしてすかさず，

「３回戦を行います。ジャンケンポン」

と言います。

今度は，

「１行目。What do you have in your hand? まで読んだら，スタートします」

と言うと，生徒は「え～～～」という表情と笑みを浮かべます。

終わると，最後の４回目は，

「What... と言ったらスタートします」

と言うと，生徒は，「え～～～」と笑顔で言ってきます。

このように，この「追い抜き読み」のポイントは，少しずつ，**読み始める時間を少なくしていくことで，“追い抜くぞ～～”という挑戦意欲を持たせることができる点**にあります。

もし，５回目やるなら，「ジャンケンに負けた人は，教科書をさかさまに持って読みます」のように，ハンデをつけて同時に読ませてもいいでしょう。

さて，この追い抜き読みのよいところは，教師は，読み始める時差を指定し，そして「はじめ」と言うだけです。

音読は生徒が行います。

教師は音読しません。

100％，生徒だけの音読です。

私は，これは学習の最もよい理想形だと思っています。

最初は，“Repeat after me.”と言って，教師の後に繰り返すことから，音読練習に入ります。

しかし，だんだんと「２度読み」（p.10，p.36）や「役割練習」（p.37）を行いながら，教師の行為を減らしていき，そのことで，生徒の活動が増えていきます。

そして，最後は，「追い抜き読み」（p.63）や「１分間リーディング」「四方読み」「個人練習読み」等，生徒の活動だけで音読が進むようにするのです。

知らず知らずのうちに，何度も何度も音読をさせることのできる優れた手法です。

❸場面読み

右のような短いスキットがあります。

これはどんな場面か生徒に考えさせます。

何が開けられないのかを生徒が考え，その場面に合うように読みます。

A : Hey, Angie.
B : What?
A : It can't open. Do you know how to open this?
B : O.K. Let me try.
Oh, no. I don't know how to open this.

例えば，生徒は，

- 缶が開かない。
- トイレのドアが開かない。
- 炊飯器が開かない。
- キャンプに行って，テントの袋が開かない。
- 泥棒の会話で，金庫の鍵が開かない。
- 箱が開かない。

など，色々考えます。

それにより，同じ英文でも，場面によって，読み方が変わることに気づきます。

これを利用すると，通常の教科書の英文でも，場面を与えて読ませることができます。

例えば，

- 図書館での会話
- 電車の中での会話
- 親と子の会話
- 授業中の会話
- 役割A はトイレに行きたい。しかし，役割B はしゃべるのがゆっくり。
- 役割A は風邪をひいている。
- 役割A は，眠そう。
- 役割A は花粉症で，くしゃみばかりしている。
- 役割A はB に片思いしている。

のように，場面を設定し，生徒が「え？」と思うようなシーンを創り出したり，場面を生徒に考えさせれば，「創造性」のある活動（アクティブ・ラーニング）になります。

2　単語が書ける生徒を育てる活動

単語指導は，「単語を書けるようにする」ことです。そのためには，授業中に書けるようにしなくてはいけません。
そして単語を習得させるためには，

①単語の覚え方を学ぶ。
↓
②覚えた単語を忘れないようにする。

この２つの指導をしなくてはいけません。
色々な著書で紹介はしているのですが，語彙指導はとても大事なことですので明記します。

①単語を書けるようにする

AL型 学び方を学ぶ　対象 全学年　活動時間 約３分～５分

単語を書く時も，ただ何回も書いても，覚えることはできません。覚えようとする生徒は，必ず，文字に音を乗せています。例えば，interesting は，インテレ・スティング…と言いながら書いて覚えるのです。文字に音があるのです。それをただ，記号を写しても，いくらたっても覚えることはできません。
ハングル語やアラビア語をイメージすると理解できるでしょう。

私は「英単語スキル」という単語練習プリントを作成し，特に中学１年生の１学期には，しつこく単語の覚え方を指導します。詳細は，拙著『21世紀型授業づくり87　中学英語50点以下の生徒に挑む』（明治図書）をご参照ください。
その時，当然，文字の音に意識させます。
また，英単語スキルがなくてもできます。
それは，こんな風に指導します。

❶音を追いながら，単語練習をする

「はい。指出して」
と言って，指を空中に出させます。
そして，

「ス」
と言いながら，空中でｓ の文字を書きます。
生徒も書きます。この時，教師はフラッシュカードを持ち，文字を見せておきます。
次に，
「ト」(と言いながら，空中に to と書く)
「リー」(と言いながら，ry と書く)
１回，空中で書いたら，もう数回，
「ス」(と言いながら，空中でｓの文字を書く。生徒も書く)
「ト」(と言いながら，空中に to と書く)
「リー」(と言いながら，ry と書く)
のように練習させます。
この時，
「天井に向かって，s....to...ry.... 」
のように変化をつけたり，
「友達の顔に向かって，s...to...ry... 」
「机の上に指で，s...to...ry... 」
のように，最初はフラッシュカードの文字を見ながらでも，だんだんと見ないで書けるようにさせながら，究極の言葉は，

T：はい。書いてごらん。

という言葉です。
この時，教師は，フラッシュカードを伏せます。
生徒からは，文字が見えません。
空中に書いた文字を，生徒はノートに１回だけ書きます。
書いたなあ…と思う頃，フラッシュカードを再度見せながら，

T：はい。あっているかどうか確認します。
あっていたら，１行分 story, story, story と５回ぐらい書けるかな，練習します。
間違えちゃった人は，直してから，１行分書きます。
と指示します。

このように，**文字に音がある**ことを教えながら，単語練習をさせていきます。
もちろん，beautiful は，「ベ・ア・ウ・ティ・フル」のように，覚えやすいように言わせな

がら，書かせたり，Wednesday は「ウエ・ド・ネ・ス・デイ」だったり，country は，「コ・ウ・ン・ト・リー」のように，間違いやすい場合は，そこを強調する場合もあります。mother もそうです。「モ・ザー」と書かせます。

このようにして練習したら，念のため，どのくらい書けるか確認します。

❷チェックする

何か練習したら，本当にできるようになっているのかどうか，確認する必要があります。

そこで，試しに教師が英語を読み，それらを生徒が書けるかどうかチェックを入れましょう。

このチェックがあるかないかで，生徒の英語力への定着は変わってきます。力がつくかつかないかは，このチェックが大事なのです。

T：それでは，試しにどのくらい書けるか書いてみます。
今，練習したところが見えないように，教科書か何かで隠してください。
（生徒は：教科書で練習した部分が見えないように覆う）
No.1　story ...

と言って，練習した単語を書かせてみます。

終わったら，

T：先ほど練習したところを見ながら，◯つけをします。

と言って，自分で◯つけをします。

さらに，例えば７問やったら，

T：７問中，何問できたか，７／７とか，６／７のように書いておきましょう。

と，成果を目で見える形，可視化させます。

だいたいは，この指導だけで，よく書けるようになっています。

その後，

T：全問正解だった人？（生徒：手を挙げる）
１問，間違えちゃった人？（ 生徒：手を挙げる）

のように，手を挙げさせます。

そして，

T：次の時間，小テストします。

と言って，授業中に練習した上で，小テストとします。
さらに，

T：覚えたものは，残念ながら，忘れていきます。だから，復習が大切なのです。
みんなの英語力の半分は，先生の力。半分はみんなの力です。
先生も一生懸命教えていますので，みんなも一生懸命勉強してください。

のように言って，家庭学習（自学）につなげるようにします。

②単語を忘れないようにする

AL型 学び方を学ぶ **対象** 全学年 **活動時間** 約５分

学習の基本は，「覚えたものは，時間がたつと忘れる」です。忘れるからこそ，新しいことが入ってくるのです。だからと言って，学習したことをどんどん忘れてしまっては，英語は使えません。大事なことは，無意識の領域に入れてしまうのです。ひらがなやカタカナ，算数の九九，小学校の時に習いましたが，私たちはきっと，覚えていることでしょう。それは，何度も何度も繰り返し練習し，無意識にでも使える状態になっているからでしょう。

エビングハウスの忘却曲線は，有名です。

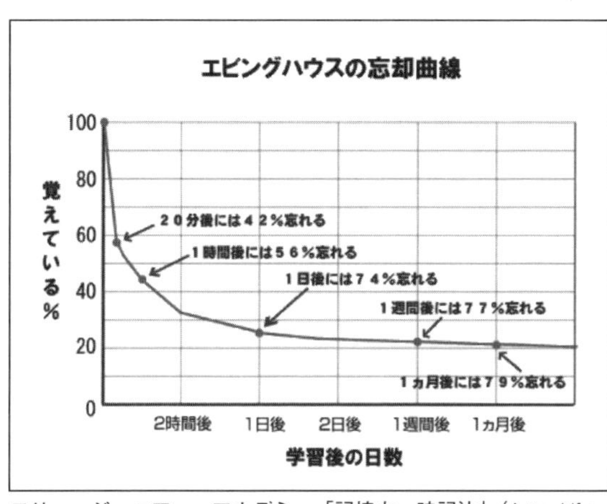

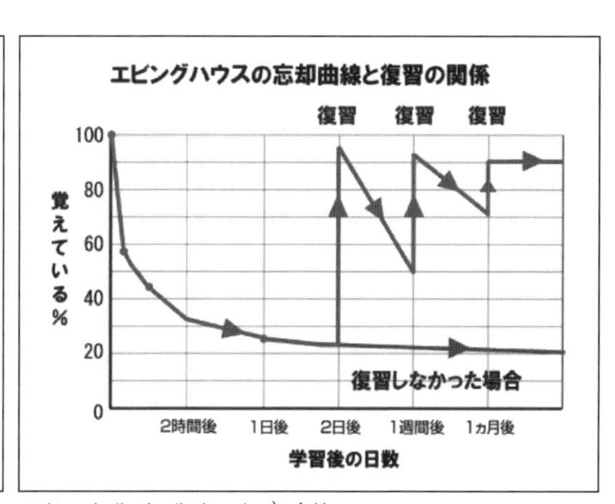

フリー・ジュニアー・アカデミー「記憶力・暗記法」（http://free-academy.jp/junior/index.php）より

意味のない記号を覚えさせ，それが時間とともにどのような割合で忘れていくかを試した実験です。その結果，誰でも忘れるスピードは，同じだと言われます。

脳科学の池谷祐二教授は，復習のタイミングを次のように記しています。

復習１回目　学習した翌日
復習２回目　その１週間後
復習３回目　さらに２週間後
復習４回目　さらに１か月後

（池谷祐二著『高校生の勉強法』ナガセ）

特に，私はこの４回の繰り返しを意識したわけではありませんが，単語を忘れないようにするために，繰り返し学習を次のようなサイクルで行っています。

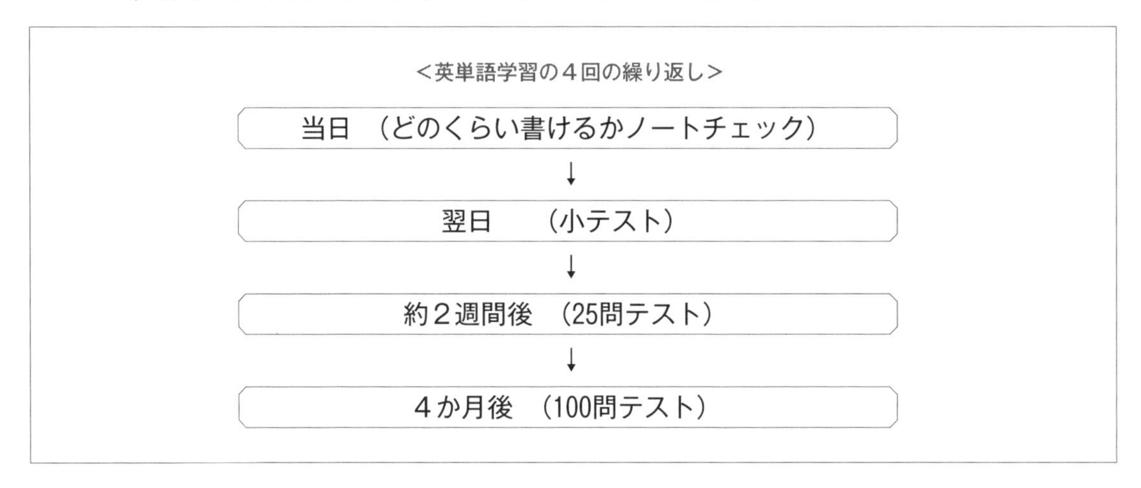

❶練習した後に，第１回目のチェック

まず，練習した後，すぐに単語チェックを行い，「書けるようになったぞ！」ということを実感させるため，授業中に練習したら，チェックを入れます。

その後，「次の時間に小テストをします」と言って，家庭学習を促します。

❷小テストをする

次の時間に思い出すために，小テストをします。

教師は，英単語を読み上げ，それを生徒がスペリングを書きます。

ここでのねらいは，「単語が書けるかどうか」のチェックになります。

日本語で言って書かせる方法では，英語で何というかわからない生徒は，答えようがないので，純粋に，英単語のスペリングが書けるかどうかのチェックを行います。

❸25問テスト

1つのレッスン（課）で，ぜひ書けるようになりたい英単語を25個を選び出し，25問テストを行います。

ちなみに，25問テストは，テストコースを選ぶことができます。

「5問コース」「10問コース」「20問コース」「25問コース」の4つのコースの中から生徒が選びます。

5問コースは，問題番号の1番から5番までの単語をテストします。

10問コースは，1番から10番までの英単語。

20問コースは，1番から20番までの英単語。

25問コースは，全部に答えます。

また，どのコースも，100点満点になります。

5問コース（1問20点×5問＝100点）

10問コース（1問10点×10問＝100点）

20問コース（1問5点×20問＝100点）

25問コース（1問4点×25問＝100点）

どのコースを選んでもよいと伝えます。

25問テスト　花より単語　ー英語力は単語力！ー

Grade　class　Number　name

【第1回】	【第2回】	【第3回】	【本番テスト】
□5問コース　□10問コース	□5問コース　□10問コース	□5問コース　□10問コース	□5問コース　□10問コース
□20問コース　□25問コース	□20問コース　□25問コース	□20問コース　□25問コース	□20問コース　□25問コース
点	点	点	点
1　休み	1　休み	1　休み	1　休み
2　take の過去形	2　take の過去形	2　take の過去形	2　take の過去形
3　catch の過去形	3　catch の過去形	3　catch の過去形	3　catch の過去形
4　see の過去形	4　see の過去形	4　see の過去形	4　see の過去形
5　パンダ	5　パンダ	5　パンダ	5　パンダ
6　魚釣りに行く	6　魚釣りに行く	6　魚釣りに行く	6　魚釣りに行く
7　庭	7　庭	7　庭	7　庭
8　岩	8　岩	8　岩	8　岩
9　伝統的な	9　伝統的な	9　伝統的な	9　伝統的な
10　is/am の過去形	10　is/am の過去形	10　is/am の過去形	10　is/am の過去形
11　are の過去形	11　are の過去形	11　are の過去形	11　are の過去形
12　暇な・自由な	12　暇な・自由な	12　暇な・自由な	12　暇な・自由な
13　一日中	13　一日中	13　一日中	13　一日中
14　was not の短縮形	14　was not の短縮形	14　was not の短縮形	14　was not の短縮形
15　どこでも	15　どこでも	15　どこでも	15　どこでも
16　村	16　村	16　村	16　村
17　～の近くに	17　～の近くに	17　～の近くに	17　～の近くに
18　農家	18　農家	18　農家	18　農家
19　バンド	19　バンド	19　バンド	19　バンド
20　わくわくする	20　わくわくする	20　わくわくする	20　わくわくする
21　試食する。やってみる	21　試食する。やってみる	21　試食する。やってみる	21　試食する。やってみる
22　韓国	22　韓国	22　韓国	22　韓国
23　趣味	23　趣味	23　趣味	23　趣味
24　read の過去形	24　read の過去形	24　read の過去形	24　read の過去形
25　正午	25　正午	25　正午	25　正午

これを４回繰り返していくと，最初は，５問コースを選んだ生徒も，それに満足することなく，一口感想では，

「次は10問コースに挑戦する」

「次は20問クリアーしたい」

のように，自分から向上心を持つようになります。

アクティブ・ラーニング的には，これが「主体的な学習」となります。

詳細は，拙著『21世紀型授業づくり87　中学英語50点以下の生徒に挑む』（明治図書）他，多々，著書で紹介しています。

❹100題テスト

そして，４回目の復習が，英単語100題テストです。

つまり，25問テストが４回分たまると100題テストができるのです。

しかし，生徒は25問テストで経験済みです。

その25問テストをそのままくっつけただけなので，生徒にとってみると，そんなに苦痛ではありません。

ちょうど100題テストの時期が，夏休みになりますので，夏休みの宿題とし，夏休み明けにテストを行います。

冬休み明けにも，同様に100題テストを行います。

すると３年間で，生徒は８回，100題テストをすることができます。

実は，この100題テストの繰り返しで，生徒は，単語が覚えられるようになり，単語を練習が好きになります。

また100題テストをやりたがります。

実際，生徒は100題テストを楽しみにしています。

単語が書けるようになった生徒は，英語も好きになります。

3 英会話を習得する生徒を育てる活動

将来的には，生徒は，自由自在に英語を駆使し，自分の思いや考えを英語で伝えられるようにならなくてはいけません。そこで，私の著書で度々，登場するのが，「すらすら英会話」という会話活動です。どうしても習得ということを考えた場合，この活動は外せません。

❶活用を支える「練習場面」

接続期の教科書では，「身近な単語」や「あいさつ」「簡単な英会話」「教室英語」など，どの教科書でも数十ページを割いています。しかし，それらのページをその流れで進めるだけでは，生徒への定着が図れません。

そこで次のようなワークシートを作成する必要があります。

すらすら英会話

ーこんなときはこう言おうー

Grade　Class　Number　Name

1 ありがとう。	1 Thank you.
2 どういたしまして。	2 You're welcome.
3 ごめんなさい。	3 I'm sorry.
4 大丈夫ですよ。	4 That's all right.
5 すみません。	5 Excuse me.
6 （物を渡しながら）どうぞ。	6 Here you are.
7 質問があります。	7 I have a question.
8 「傘」を英語でなんと言いますか。	8 How do you say "kasa" in English?
9 もう一度言ってください。	9 Pardon?
10 バスのスペリングは？	10 How do you spell "bus"?

中学英語では，学習の定着を求めます。

それが「習得」という学習過程です。

習得がなければ，活用はありえません。

中学では，「覚えこませる」「定着させる」という面があります。

ということは，中学１年生の４月に学習した，数十ページの学習の中で，これだけは覚えさせたいというものを，生徒に視覚として残していかなくてはいけません。

私の場合は，「すらすら英会話」という形でまとめることにしています。

やり方は簡単です。

ジャンケンに勝った人が左側（日本語）を言って，負けた人が右側（英語）を言います。

これを繰り返しながら，だんだんと，見ないで言うようにさせます。

そして，すらすらと言えるようにしていきます。

最初は言えなくても，授業の最初に毎時間５分の練習時間をとることで，生徒の英会話力は見事についてきます。

授業では新しいことを毎時間教えていくわけですが，時々このようなまとめシートを与えることで，**生徒が「何を」「どこまで」覚えればいいのかが明確になり**，学習への意欲にもつながります。

またシートの下の方に自己評価欄をつけておくと，どんなことに気をつけてこの活動をすればいいのかがわかり，態度の育成へとつなげることができます。

❷「すらすら英会話」で学習内容の定着を求める

私が提唱している「すらすら英会話」は，「基本的な質問の100個程度にはすらすら答えられるようにする」（参照『５分間トレーニングで英語力がぐんぐんアップ！中学生のためのすらすら英会話100』）というコンセプトの基，毎時間行う“帯学習”です。この「すらすら英会話」で始めると，英語を話す雰囲気もでき，授業の冒頭から元気になります。比較的，難しくなく，生徒を盛り上げることの Warm up 活動になり，非常に便利な指導法です。

こちらもやり方は簡単です。

ペアになって机を向かい合わせにします。

ジャンケンをします。

ジャンケンに勝った人は，左側（質問）。

負けた人は右側（答え）の方をそのまま読み上げていきます。

40秒ほどしたら，席を１つ右側に移動します。

すると新しいペアと出会います。

またジャンケンをして，ペアで読み合います。

また40秒ほどしたら，席を移動させ，この繰り返しで，だんだんと生徒はすらすら言えるようになります。

一般動詞とbe動詞

すらすら英会話

Grade　Class　Number　Name

1	Hi, how are you? I'm fine too, thank you.	1	I'm good. How are you?
2	Do you like sports? What sports do you like?	2	Yes, I do. I like baseball.
3	Do you play baseball? Are you a good baseball player?	3	Yes, I do. Yes, I am. / So so. / No, I'm not.
4	What Japanese food do you like?	4	I like natto.
5	Do you have any pets? What pet do you have? How many cats do you have?	5	Yes, I do. I have cats. I have two cats.
6	Do you have any brothers and sisters?	6	Yes, I do. I have two brothers.
7	How old are you?	7	I'm 13 years old.
8	How tall are you?	8	I'm 159 cms tall.
9	Where are you from?	9	I'm from Saitama.
10	Thank you for talking.	10	My pleasure.

帯学習で，この活動を毎時間行うことで，生徒は学習した英文法の英会話を忘れることなく，いつでもすぐに返答できるまでになっていきます。

こうしたインプットがないと，次の章の「活用」がなかなかスムーズにいきません。

ぜひ，お試しください。

4　習得型を目指す「文法指導」のアクティブ・ラーニング

文法指導はそんなに難しくありません。

最終的には，文法における CanDo をしっかり押さえるようにすれば OK です。

そのためには，この文法で，何がわかればいいのか，最低限の「文法知識」を教師がしっかり理解し，生徒に1回で教えなくてはいけません。

後付けはだめです。教えるべきことは，いっぺんに教えるようにします。

心理学には，「初頭効果」というのがあります。初めに教えたことが印象深く，最初の方をよく覚えているという意味です。

また，できたら，文法の CanDo を，一言で言えることが一番いいのです。

詳細は，拙著『授業をグーンと楽しくする英語教材シリーズ29　CanDo で英語力がめきめきアップ！　中学生のためのすらすら英文法』（明治図書）をご覧ください。

❶「導入」で文法の原理を理解させる

まず，導入を工夫します。

文法の原理を押さえた導入をします。

例えば，現在完了の完了表現の原理は，

「何かやっていたことが，今終わった」

「何かやっていたことは，もうすでに終わっている」

というところにあります。

そこで，多少下品ではありますが，紙芝居を通して，何か長くやっていたことが今終わった…という場面を生徒に提示し，完了表現の意味合いを印象深く教えます。

下品な話題を承知で，お付き合いください。

何か長いことをやっていて，それが今終わった…という表現を印象づけるために，トイレでの格闘場面をネタに導入しました。

❷練習

その後，このスキット文を提示し，音読練習を行い，実際にお母さん，トム役を行う等，役割演技を行います。もちろん，演技では，無理をさせません。

トムのなが～～い1日

Mother : Tom? Tom? Where are you, Tom?
Tom : Hi,mom. I'm here in the bathroom. What time is it now?
Mother : It's seven o'clock in the evening.
Tom : Seven o'clock in the evening? Oh, my god.
Mother : How long have you been there?
Tom : Since this morning! Ummmm.... Ummm....
Mother : Are you all right, Tom?
Tom : Yes, mom. Ummm.... Ummmm.... Mom, **I have just finished!**

生徒はジャンケンをします。「ジャンケンに勝った人がお母さん」と言うと，ジャンケンに勝った人は，万歳して喜びます。

１回終わると，生徒は席を１つずらし，違う生徒とまたジャンケンをします。

だんだんと，

「気持ちを込めていきましょう」

「お母さんは，最初，トムに呼びかけるように大きな声で言いましょう」

「見ないでやってみましょう」

「立って演じながらやってみましょう」

などと，課題をアップさせながら，何度も音読させます。この時，私は生徒に発表させましたが，発表なしでもいいでしょう。

❸まとめ

このように，文法事項の導入をしたら，いよいよ，「知識」の確認です。

今，トムのなが～～い１日で，最後にトムが“I have just finished.”「今，終わったよ」と言いました。今日の勉強は，今までやっていたことが「今，～し終えた」とか，「もうとっくに終わったよ」という文を勉強します。

と言って，板書します。

板書というのは，知識の整理なのです。

目で見てわかるように，文法の知識を整理することなのです。

これを説明しながら，板書していきます。

ここで，生徒に理解してほしいことは，次の２点です。

①have + 過去分詞で「～し終えた」という意味になるということ。

②just（たった今），already（もうすでに）という語と一緒に使われるということ。

これがわかれば合格です。

板書

I have just finished. **（私は，たった今，終えたところです）**

have ＋ just ＋ **過去分詞**
（今，～し終えたところ）

I **have already done** my homework. **（私はもう宿題を終わらせました）**
もう～し終えた

よって，次にやるべきことは，生徒が本当に，この２つが理解できているかどうか，練習問題で試さなくてはいけません。

そこで，英作文します。

板書をノートに写した後，教師が日本語を読み上げます。

そして，生徒は，それを英語にします。

最初から，できなくても構いません。

教師が語彙など，ヒントを与えてもいいでしょう。

要は，「have+just/already+ 過去分詞」また，主語が三人称単数の時に has に変化することを押さえればいいです。例えば，次のような３問を出します。

①私は今，この本を読み終えたところです。
②ユキは今，彼女の部屋を掃除し終えたところです。
③私の母はもう，夕食を作り終えています。

問題が少しずつ，変化していることがわかるでしょう。

最初の①は，板書した英文に少し語彙を変化させています。②の文では，一気に主語を３人称単数のユキにしています。これにより，has になることに気づかせます。③の文では，「たった今」から「もうすでに」という意味の already を使うことに気づかせるようにしています。

このような，ほんの少しの変化を与えながら，「文法知識」を習得させていくことが，１つ目の「習得」（知識の習得）に当たります。

❹技能の習得

次の習得は，「技能」の習得です。

現在完了の完了表現を自由自在に使うことができるように，体験的な活動を取り入れます。

アクティブ・ラーニングの視点を取り入れると，p.81のワークシートのような絵をいくつか用意しておき，ペアで英作文させます。

では，今日習った表現を使って，こんな場面では，こんな英語を使うよ…というのを，隣のペアで英作文してもらいます。１つの絵につき，２文以上で表現します。
ペアで，相談しながら，やってみましょう。
最後の４番目はペアで相談して，作ってみましょう。
時間は，10分間です。

これにより，仲間とともに自由な発想で，課題（＝現在完了の完了表現を用いた文を含め２文以上でストーリーを作る）を解決することになります。

ペアの２人とも，同じ英文を作ることから，お互いが違う表現が思いついた時には，２人の意見を合わせ，よりよいものに仕上げていくか，どちらかの意見を遠慮し，もう１方の意見を採用するなど，相談し，交渉し，新しいものを作っていくことが大事です。

こんな英文が生まれるのではないでしょうか。

① Yuki has just cleaned her room. She feels very happy now. She is going to sleep.
Yuki has just cleaned her room. She is going to go shopping. She will buy some books.
② My father has just washed his car. He is going to play golf tomorrow.
My father has just washed his car. He is going to go for a drive with his family.
③ Tom has already studied English and math. He is reading a comic book now.
Tom has already studied Englsih. He likes reading comic books and he will finish reading it soon.

今まで私は，同じようなことを個人でさせていましたが，アクティブ・ラーニングの視点や，「仲間とともに課題を解決する力」を育てるために，意図的にグループにし，協働的な学びを仕向けることにしました。

これにより，生徒は受け身ではなく，自分から考えざるを得なくなります。

また，大事なのは，絶え間ない自己評価です。

アクティブ・ラーニングの視点に立って，「主体的な態度で学ぶ」「仲間とともに課題を解決する」，そして，「目標文が習得できた」の自己評価は，欠かせません。

このように，文法における「知識」の習得，また，「技能」の習得は，２段階に分けて指導します。

中学３年　英語ワークシート（現在完了の完了表現）

「（今／もう）～し終えた」で英作文！

Grade　Class　Name　Your partner

Chapter 4
習得・活用・探究場面の活動アイデア

活用の場面

5 すらすら英会話の活用形ＱＡＡ

今，学習しているところを扱うのは「習得」の範囲です。「活用」とは，まさしく，既習事項を駆使して，表現したり，理解したりすることにあります。例えば，「すらすら英会話」という学習活動があります。これは「習得」です。学習しているところを学ぶわけですから，それは「習得」となります。しかし，ほんの少し変化させると，それが「活用」になります。

❶「すらすら英会話」の進化形

私の提唱する「すらすら英会話」は，会話のQA集です。ねらいは「簡単な質問の100個程度にはすらすら答えるだけの力をつけよう」というコンセプトになります。この「すらすら英会話」をやるだけで，生徒の英会話力は抜群にアップします。

中学2年 すらすら英会話

be動詞の過去形を使ったすらすら英会話

① Hi, how are you?	❶ I'm good.
② Were you at home last night?	❷ No, I wasn't. I was at juku.
③ What did you study?	❸ I studied science.
④ How was it?	❹ It was interesting.
⑤ What TV program did you watch?	❺ I watched "Sazae-san".
⑥ Was it interesting?	❻ Yes, it was.
⑦ Where were you last Sunday?	❼ Last Sunday? I was in Tokyo.
⑧ What did you do there?	❽ I saw a movie.
⑨ How was it?	❾ It was a sad story. / It was fun.
⑩ What time did you go to bed?	❿ I went to bed at midnight.
⑪ Were you sleepy?	⓫ Yes, I was. I was very sleepy.
⑫ What did you do last night?	⓬ I did my homework. It took 3 hours.
⑬ Were you tired?	⓭ Yes, I was. I was too tired.
⑭ What time did you get up?	⓮ I got up at 7:00.
⑮ Did you have a good sleep?	⓯ Yes. But I'm tired now.

ひとくち英語を入れて言ってみよう！

☐ Really?（本当？）　☐ Nice.（いいね！）　☐ Are you all right?（大丈夫？）
☐ Pardon?（え？何，もう一回言って）　☐ Are you kidding?（冗談でしょ）　☐ Nice work.（ご苦労様）
☐ Did you enjoy it?（楽しかった？）　☐ Of course.（もちろん）

『授業をグーンと楽しくする英語教材シリーズ㉔５分間トレーニングで英語力がぐんぐんアップ！　中学生のためのすらすら英会話100』参照

しかし，それだけでは終わりません。

QA活動を，QAA活動に進化させるのです。

❷ QAA活動

生徒には次のように言います。

T：今からQAA活動をします。
　今までは，QとAのQA活動でした。
　そこを，QAAにしてみます。つまり，相手が質問します。そして答えます。答えたら，何か１文足すのです。例えば，こんな風になります。
　What TV program did you watch?
　--- I watched Sazae san.
　--- It was interesting.

のように，答えたら１文足します。

❸ QAAの効果

さて，このように，QAからQAAというようにたった１つのAを付け足すという，小さな小さなステップですが，実は大きな一歩でもあります。

例えば，“What did you do last night?”と

尋ねられ，“I watched TV.”と答えます。
答えたら何か1文足さなくてはいけないので，考えます。
どんなことを言おうか考えます。
これが英語授業における「思考」となります。
その後，思考した中から，1つ選びます。
それが，「判断」です。
最後に適切な言い方で「表現」すれば，「思考力・判断力・表現力等」となります。
結果論ですが，このQAAには，このような効果もあるのです。

❹既習事項を活用したQAA活動

このQAA活動は，そのまま「活用」となっています。
既習事項を思い出し，どんな表現をしようか自分で選びます。
例えば，“What did you do last Sunday?”という質問に，“I played soccer.”と答えたとします。そこで，1文何か考えます。“It was interesting.”でもいいし，“I was tired.”でもいいし，“I enjoyed it very much.”でも構いません。また，“I like it very much.”と言ってもいいでしょう。
どんなことでもいいから1文を足すのです。
そこには，知らず知らずのうちに既習事項を「活用」している生徒がいるはずです。
既習事項を操作して，自分で文を組み立てている生徒もいるでしょう。
要は，決められたQAから，QAAに進化させ，2番目のAで生徒の「活用力」を鍛え，試すのです。

今，学習していることが言えるのは，半ば当然のことです。
要は，既習事項を思い出し，それらを使って表現することが「活用」にあたります。

6 習った英語を使わせる活動

言葉は使わないと忘れていきます。しかしせっかく学んだ表現です。忘れさせたくはありません。そこで，授業ルールとして，授業中に一言でも英語でしゃべったら，ワンポイントの塗れるポイントカードを生徒に渡しておきます。Chapter1でもアクティブ・ラーニングな英語発言として，紹介してあります。これにより，生徒から英語がどんどん出てくるようになります。

●英語授業における「活用場面」の作り方

英語授業では，１つの活用の在り方として，「習ったら使う」ということを指導します。

例えば，簡単にできることの１つとして，次のような得点表を配り，英語の授業で何か一言でも英語を発したら，One Point！がゲットできるということを生徒に伝えます。

例えば，教師が教室に入って，“Hello.”と生徒に呼びかけます。すると生徒が“Hello.”と言います。これでワンポイントです。右のポイントカードの○を１つ，マーカーや色ペンで塗ります。

さらに“How are you?”と言うと，“I'm fine thank you. And you?”などと言ってきます。

すると１つ○を塗ります。

もちろん，自己評価です。

自分が言ったと思えば○を塗ります。

時々，いい発言には，“Three points.”や“Five points.”のように得点与えることも度々あります。

また，プリント等を，後ろの生徒に回していく時には，物を渡す時の表現，“Here you are.”と言って渡させます。もらった人は，“Thank you.”と言うので，“You're welcome.”と返します。

するとこれらもポイントになります。

『授業をグーンと楽しくする英語教材シリーズ㉔５分間トレーニングで英語力がぐんぐんアップ！　中学生のためのすらすら英会話100』参照

評価に入れるか入れないかは別として，このような方法で授業を行うと，英語を話す雰囲気が教室に生まれてきます。また「習った英語を使う」ということが，１つの「活用場面」となります。

7 4人1組での英会話活動 English Salon

ある程度，英語を生徒にインプットすると，大技に挑戦します。4人組での English Salon です。最初は，Quiz Salon の形式（ p.86）をとり，班の中で，質問をし合います。4人のうち1人が立ち，座っている3人が立っている人に手を挙げて質問をするのです。質問に答えると，〝I see.〞や〝Really?〞などのあいづちを打ったりしながら，質問を続けます。

●習った英語の活用場面を！

English Salon とは，私が27歳の時に知った非常に会話活動が楽しくできる方法です。

4人1組になり，次のような机の配置をします。

その後，班の中で1人立ちます。座っている3人は手を挙げて立っている人に質問します。

生徒は得点表を持っていて，1つ質問するたび，2ポイントもらえます。

“I see. Pardon?” “Me too.” など，ひとくち英語を言ったら，1ポイントです。

さらに，「今日の英語」ということで，使わせたい英語，例えば「What Japanese food do you like? 」という英文を指定しておき，その英文を言ったら，4ポイントになります。

およそ1分30秒くらいしたら，教師の方でベルをならし，今度は左隣の生徒が立ちます。また座っている人が質問し，得点を競う活動が English Salon です。

English Salon name ____________________

		得点メモ（正の文字）	得点
1	質問した（2点）		点
2	今日の英語（4点）		点
3	ひとくち英語（1点）		点
ひとくち感想			点

8　4人1組でのクイズ合戦 Quiz Salon

生徒の活用力を伸ばすには，多少無理なことがあっても，思い切って，英語という荒波に生徒を投げ出し，たくましい生徒を育てなくてはいけません。とは言っても，先ほども述べたように，基礎がなくては応用発展ができません。逆に言えば，〈活用場面〉を想定し，その活動ができるためには，どのような〈練習〉をしておけばいいのか，考えればいいのです。

❶「すらすら英会話」で学習内容の定着を求める

基礎がなくては，応用発展はできません。しかし，基礎ばかりしていて応用・発展させなくては，英語を自由自在に使いこなすようにはなりません。これからの英語の授業のキーは，ずばり〈活用〉です。いかに〈活用〉場面をつくりだし，既習事項を活用する力をつけることが課題となります。

今回は，次のようなすらすら英会話を〈基礎〉として，Quiz Salon へと持っていきます。

3人称単数現在形

Quiz Salon 用　すらすら英会話

Grade　Class　Number　Name ________

1	Is it he or she?	1	He!
2	What sports does he play?	2	He plays soccer.
3	Where does he live?	3	He lives in Nishi-machi.
4	Does he have any sisters? How many sisters does he have?	4	Yes, he does. He has three sisters.
5	Does he have any pets? What pet does he have?	5	Yes, he does. He has a dog.
6	Is he tall?	6	No, he isn't.
7	How does he come to school?	7	He comes to school by bike.
8	What club is he in?	8	He is in the soccer club.
9	Does he play the piano?	9	No, he doesn't.
10	Is he a good soccer player?	10	Yes, he is.
11	I got it! Is he Takeshi?	11	That's right.

❷ Quiz Salon を行う

まず，友達カードを作ります。

カードを１人３枚配り，そこにクラスの中の友達の名前を書かせます。

鈴木　真由美	佐々木　隆

４人１組にします。

ジャンケンをして，一番負けた人は立ちます。

立った人は，３枚作った友達カードのうち１枚選び，みんなに見せないように手にします。

座っている人は，色々な質問をしながら，その友達を当てます。

当たったら，“That's right!”と言って，今度は左隣の生徒が立ちます。

同様に，座っている人は，手を挙げて，質問します。

当たったら，さらに左隣の人が立ちます。

このようにして，１人３枚持っているので，最高３枚×４人＝12回はできます。

時間を７分～８分程度で終わりにします。

この Quiz Salon も，次のような得点表を使います。

Quiz Salon　　　name ____________

		得点メモ（正の文字）	得点
1	質問した（2点）		点
2	今日の英語（4点）		点
3	ひとくち英語（1点）		点
ひとくち感想			点

この Quiz Salon で，３人称単数現在形の〈活用〉を促すことができます。また，動物サロンもできます。Is it big?　Does it live in the sea?　Does it swim?　Does it have a long nose? など，「すらすら英会話」で基礎練習しておけば，動物クイズも可能です。こういうことが自由自在にできるために〈活用場面〉を時々設定し，生徒に確かな英語力をつけていきましょう。

9 絵を説明する Picture Telling

生徒の話す力を育てるには，色々な型があります。日常英会話やスピーチ，スキット，ロールプレイ，マジカルクイズ，ディスカッション，ディベート，そして，絵を説明したり，描写したりする Picture Telling があります。これも既習事項を用いた活用形となります。１年生の時から学んだ表現を盛り込みながら，絵を Describe させましょう！

❶見たものをそのまま言う

今回は，絵を使います。教科書準拠のピクチャーカードで構いません。

それを見せて，生徒に自由に英語で言わせます。

一番簡単なのは，**見たものをそのまま言う英文**です。

〈例〉 **C1**：That is Kumi.

C2：That is a tree.

C3：That is a bike.

C4：That is a bird.

生徒から見ると，すこし遠いところにあるので，That is ... という英文で，その絵について説明することができるでしょう。

❷人物について説明する

次に，その人物について，説明します。

例えば，生徒の持っている知識，またその絵からわかることを言います。

〈例〉 **C1**：Ken plays tennis.

C2：Mr.Jones is from Canada.

C3：Mr. Jones is an English teacher.

C4：Maki and Kumi are good friends.

❸現在進行形の文で言う

さらに，その人物が今何をしているか（現在進行形）を言います。

〈例〉 C1：Mr. Jones is playing badminton with Yuki.

C2：Maki and Kumi are talking.

C3：Ken is playing tennis with his friend.

C4：A bird is flying in the sky.

❹質問する

また，絵を見て，質問してもいいでしょう。

〈例〉 C1：Who is running in the park?

C2：How many boys are running?

C3：Is the dog sleeping under the bench?

C4：What is the cat doing?

このように，ピクチャーカードを見て，自由に言わせます。もちろん，教科書学習の中で，オーラルイントロダクションをせず，いきなり絵を見せて，“Please describe the picture.” または，“Please tell me about the picture.” と言います。

時には，全員立たせ，何か言えた人から座るように指示します。

もちろん，見たものをそのまま “That is ....” と言えばいいのです。

❺点数化し，評価する

また，点数化することもあります。

例えば，

- **見たものをそのまま言う。（例）** That is Kumi. That is a dog. **など →1点**
- **人物について説明する。（例）** Ken is a boy. He likes tennis. **など →2点**
- **現在進行形を使って説明する。（例）** Yuki is playing badminton. **など →3点**
- **質問をする。（例）** Is Yuki a good badminton player? Where is the dog? **など →4点**

というように，得点をシンプルにし，評価します。すると，生徒は，無理やり得点の高い，質問文を考えるようになります。もちろん，ノートに書かせて，点数化するのでもいいでしょう。すると，今までに学習した知識を総動員させて，英文を作り（＝活用），表現しようとします。これが，思考力・判断力・表現力等の学習活動になります。

10 感想やコメント・質問を書く活動

〈活用場面〉を意図的に設定してみます。過去形を学習したので，ここでは日記を書かせます。タイトルを「昨日の私」とします。私の英作文指導を紹介します。およそ15分もあれば，英作文が完了します。その後，その作文をみんなで読み合い，感想やコメント，質問を英語で書く課題を出します。コメント表現集でも作成し，参考にさせてもよいでしょう。

❶「昨日の私」というタイトルで，英作文する

次のようなワークシートを配ります。＿＿＿＿に名前や，帰宅時刻を入れた後，真ん中の①②③④を自分で考えて英文を入れます。

昨日の私

Grade　Class　Number　Name＿＿＿＿＿＿

Hello.

My name is ＿＿＿＿＿＿＿＿＿＿＿＿＿＿

Yesterday I came home at ＿＿＿＿＿＿＿＿＿＿

①
＿＿＿＿＿＿＿＿＿＿＿＿＿＿＿＿＿＿＿＿

②
＿＿＿＿＿＿＿＿＿＿＿＿＿＿＿＿＿＿＿＿

③
＿＿＿＿＿＿＿＿＿＿＿＿＿＿＿＿＿＿＿＿

④
＿＿＿＿＿＿＿＿＿＿＿＿＿＿＿＿＿＿＿＿

Thank you.

このように英作文指導の時は，フォーマットを示し，英作文させます。結局，真ん中の4か所に英文を入れればいいということになりますので，そんなに難しくはありません。

❷書いた作文をみんなで読み合う

英作文自体は，過去形を使用することですから，〈練習〉の段階です。

ここに〈活用〉の視点を入れてみます。

〈活用〉ですから，今までに学習した知識を総動員させて，自分の言葉で表現します。

そこで，**書いた英作文をみんなで読み合う活動**にします。

しかし，単に読んだだけでは，それで終わってしまいます。

〈活用〉ですから表現させます。

感想やコメント，質問を書くように指示をします。

T：Make pairs.

生徒はペアになります。

T：今から，右隣の人に自分の書いた作文を回していきます。読んだら，何か感想やコメント，質問をワークシートの裏に書きましょう。

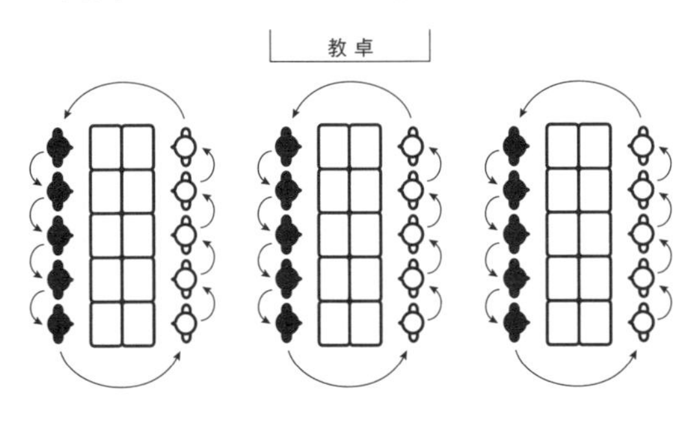

C1：え～～～。

C2：難しい。

T：例えば，Nice! とか，Wonderful. とか，Good. でも構いません。また，I watched the TV show too. などのコメントとか，Did you study? What time did you go to bed? What did you eat for dinner? Do you like kendo? など，相手への質問を書いてもいいです。多少間違えても構いませんので，英語で書いてみましょう。

T：では，先生がベルを鳴らしますので，ベルが鳴ったら，右の人に紙を回します。どんどん紙が回ってきますので，読んだらコメントを書いていきましょうね。それではいきます。（チン）

❸回ってきたワークシートを読み，感想等を書く

C：（自分が書いた紙を右の人に渡す）

C1：へえ～～，２時間も勉強したんだ！

T：そういうのを英語で書くんだよ。

C1：You studied for two hours!

T：「すごいね」と付け足せば？

C1：なんて言うの？

T：That's nice. とか，Great! でもいいよね。

このように，どんどん教えていきます。読んだら感想を書く…という学習を入れていきます。多少無謀な活動をさせながら，習った英語を使うという場面を意図的につくります。

11 あるものを説明するマジカルクイズ

英語教育・達人セミナー主宰の谷口幸夫氏から教わった活動がこの「マジカルクイズ」です。

この活動は，簡単にでき，そして生徒が楽しんで行います。ペアになり，１人があるものを英語で説明し，もう１人が，それが何であるかを当てる活動です。「英語が伝わった！」と実感できる活動です。アクティブな活動ですので，教室中，英語が飛び交います。

❶楽しく簡単にできる活動が「マジカルクイズ」

やり方は簡単です。

前後の生徒を向い合せにし，ペアを作ります。

次に，ロッカー側に座っている生徒が立ちます。

黒板側にいる生徒は，黒板を背にしていますので，黒板が見えないはずです。

教師は黒板に，「象」とか書きます。（または，絵を見せます）

ロッカー側の生徒（＝立っている生徒）は，英語で「象」を説明します。

“It's an animal. It is big. It's grey. It has a long nose.”のように説明していきます。

ここが「活用」場面となるのです。

既習事項を「活用」しながら，自分で伝えたいことを英語で表現するのです。

正しく伝わったら，“That's right.”と言って，座ります。

教師は，全員が座るまで待つのではなく，およそ1分～1分半くらいしたら，“Let's change.”と言って，前後のペアを移動させます。

すると，さっき答えた人が，今度はヒントを出す係りになります。

この連続で，７～８回やり，あるものを説明する力を鍛えていきます。

同時に既習事項を活用させていきます。

❷マジカルクイズの帯学習計画

〈第１週目〉「動物」

①うさぎ
This is an animal.（カテゴリー）
It is white, brown or black.（色）
It is small.（大きさ）
It has long ears.（特徴）

②象
This is an animal.（カテゴリー）
It is grey.（色）
It is big.（大きさ）
It has a long nose.（特徴）

③キリン
This is an animal.
It is brown and yellow.
It is tall.
It has a long neck.

④カバ
This is an animal.
It is grey.
It is big and heavy.
It has a big mouth and little ears.
It lives in the water.

⑤コアラ　⑥パンダ　⑦カンガルー　⑧サル　⑨ペンギン　⑩ヘビ

このように，まず「カテゴリー」を言ってから，「色」や「大きさ」，その物の「特徴」を言っていけばいいんだよ…ということを黒板に書いておきます。するとヒントを出す人は黒板が見えているので，それを見ながらヒントも言えます。

〈第２週目〉「野菜・果物」

最初は「動物」でやり方などを復習しながら，途中で「野菜」や「果物」を入れてみます。すると生徒はカテゴリーを言わなかった場合，“It is big. It is green and black.” などと，「え？そんな動物いたっけ？」となり，最初にどんな分野のものか言う必然性を作り出すようにします。

〈第３週目〉「アニメキャラクター・人物」

〈第４週目〉「傘や鉛筆，箸など」

これは，This is a thing. We use it when we eat something.（＝箸）のように接続詞のwhen を使わせる意図があります。

❸書いて表現させる

マジカルクイズで５～７分程，ペアでやらせた後，ライティングを行います。

黒板に，「うさぎ」「猿」などと書き，「どちらか１つを選んで，それを説明する文を書きなさい」と指示します。すると，生徒は，話した英文を思い出して書こうとしたり，新たに説明する文を考えて書いたりします。口頭で言っている時とは違い，質的な向上を図ることができるので，私は時々，マジカルクイズをやった後に，書かせることもします。

また，書くことで更に生徒の表現力が増すと考えています。

12 絵から間違いを探して伝える間違い探し

活用力を身につけるためには，様々な場面で英語を駆使する“経験”が大事です。例えば，「間違い探し」というのがあります。大人でも熱中します。なかなか間違いが見つからない時に，間違いを見つけた時には，人に伝えたくなります。

そんな間違い探しを見つけ，それを英語で表現するという場面を想定しました。

❶「間違い探し」で英語表現

よく次のような，間違い探しがあります。

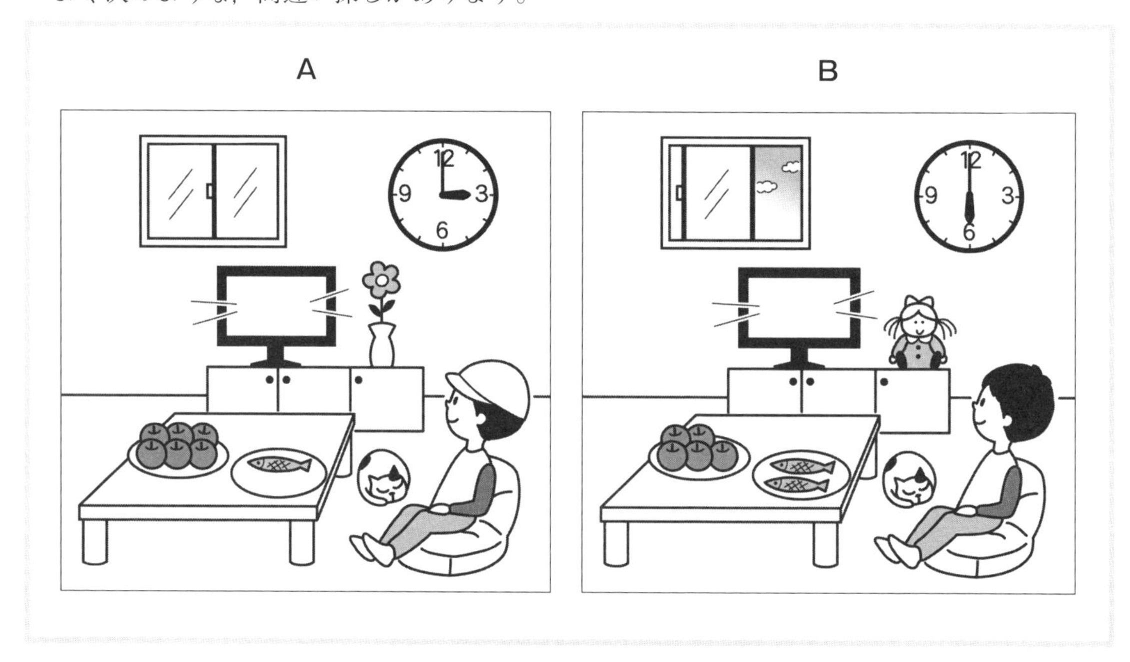

この２つの絵を見て，間違っているところを英語で指摘していきます。

間違っているところを指摘するので，

・There is a doll on the TV.

・There are 5 apples on the table.

・There are two fish.

のように，学習した There is/are を「活用」して，間違いを指摘することができます。

同様に，

・The boy is wearing a cap.

・It is 6 o'clock.

・The window is open.

のように，現在進行形や時刻等，既習事項を「活用」することも求められます。

❷「国旗の違い」を英語表現

(1) Australia vs New Zealand

オーストラリア

ニュージーランド

T：These two flags are very similar. There is a British flag on both flags. But there are some differences too.
Can you tell the differences?

C1：There are 6 stars in an Asutralian flag.

C2：The color of the star in an Australian flag is white.

(2) the United States of America vs Liberia

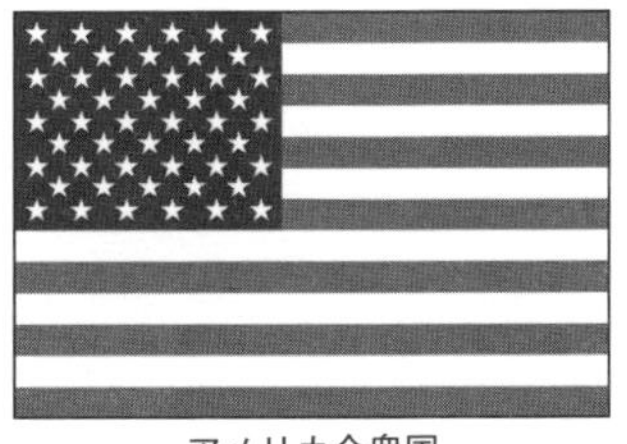
アメリカ合衆国

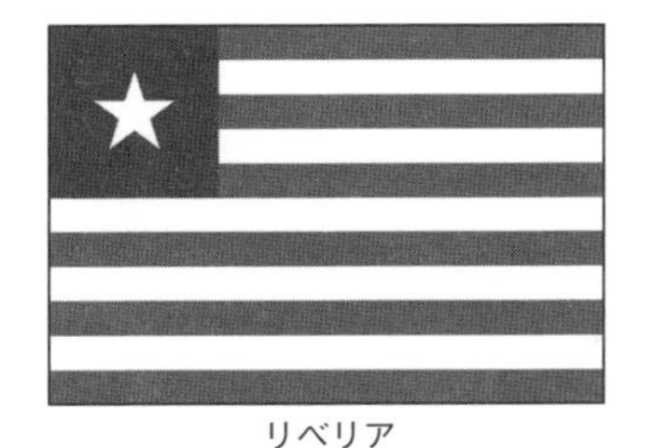
リベリア

C1：There is one star on a Liberia's flag.

C2：There are 50 stars on an American flag.

C3：There are 13 stripes on an American flag.

C4：There are 11 stripes on a Liberia's flag.

❸メモリーゲームで英語表現

次のような絵を１分間じっと見て覚えます。
その後，その絵に何があったのか。
誰が何をしていたのかを英語で言わせていきます。
例えば，

・There were three birds in the sky.
・Two boys were playing soccer.
・There were 5 apples under the tree.
・A dog was sleeping under the bench.

のように，今まで習った英語を使って「表現・活用」させていきます。

Chapter 4 習得・活用・探究場面の活動アイデア

13 ロールプレイで英語を駆使する即興スキット

決まりきった英会話でなく，生徒の学習した英語力を駆使した活動を考えたいと思い，実践したのが「ロールプレイング」活動です。

生徒は次のようなカードを手にします。ペアとそれぞれ違うカードを持ちます。

そして，その役になりきって英語を話す活動をします。

❶即興性のある「ロールプレイング」活動

【ロールプレイングカード】A―1

あなたはお母さんです。もうすぐ子供の誕生日なので，プレゼントを買おうと思いますが1000円程度のものを買おうと思います。あなたのセリフから始めます。

あなた：Your birthday is coming, Tom.

【ロールプレイングカード】A－2

あなたは５歳の子供です。もうすぐ誕生日が来ます。そこで前から欲しかったゲームソフトが欲しいと思っています。値段は2500円です。違うソフトは1000円です。どちらかをお母さんに買ってもらいましょう。

❷ロールプレイング活動

生徒はペアになり，向かい合います。そして机の上に置いてあるカードをめくり読みます。

１分間後，教師の合図で，２人は会話を始めます。

C1：Your birthday is coming, Tom.
C2：Yes, mom.
C1：What do you want for a birthday present?
C2：I want a game soft.
C1：How much is it?
C2：It's 2,500 yen.
C1：Oh, it's too expensive. Do you have another one?
C2：Well, I want another soft.
C1：How much is that?
C2：It's 1000 yen.
C1：O.K. I'll buy it for you.
C2：Thank you, mom. When will you go and buy it?

１分間，会話を続けるように言います。

❸席移動する

英語は技能です。繰り返し行うことで，だんだんと身についていきます。そこで席を1つ移動して，今度は違う場面での会話をします。

【ロールプレイングカード】B—1

あなたは今度の日曜日に野球をしたいと思っています。しかし，まだ人数が足りません。そこで友達を電話で誘います。電話ですので，「～さんいますか」と始めましょう。

あなた：Hello.This is ......

Can I talk to～?

【ロールプレイングカード】B－2

あなたは今度の日曜日は特に用事がありません。でも1日家でゆっくりしたいと思います。スポーツは好きですが，野球はどうも好きではありません。誘いがあったらていねいに断りましょう。

T：O.K. Let's change.

1分間，Thinking Time!

C：（生徒はカードを読む）

T：（およそ1分後）

O.K. Let's start.

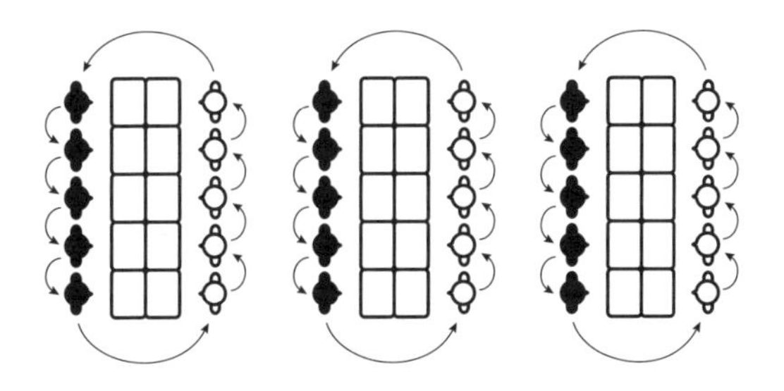

C1：Hello. This is Maki. Can I talk to Yuki?

C2：Speaking.

C1：Hi, Yuki. Are you free next Sunday?

C2：Next Sunday? Why?

C1：I want to play baseball next Sunday. Why don't you play with us?

C2：Well, I have something to do on that day.

❹ロールプレイング活動にプラスして

この活動を帯学習で行います。カードはいくつかは同じものを使います。するとだんだん生徒は使う表現に慣れてきます。電話や買い物，レストランでの表現等，教科書でやってその時はできても，時間が経って使う機会がないと，どのように英語で言うのか忘れてしまいます。そこでこの活動の中で，どのように言うのかを思い出させ，使わせるようにします。

と同時に，この活動をやっていると限界を感じます。

そこで，ある時，ペアでロールプレイング文を作らせたことがありました。いわゆるスキットです。そうすると，「私がここでこう言うと，あなたはどう言ってくる？」のように，相談し合いながら，ロールプレイング文を考えていきます。すると生徒も場面にあった使える英語を身につけていけるようになっていきます。

最初は簡単な場面から，だんだんと複雑にしていくといいでしょう。

14 英英辞典の逆をするワードパズル

中学3年生，関係代名詞を学習した後に，「英英辞典を読む」という活動をします。例えば，A place where we cook. と言えば，kitchen（台所）です。今回はこれの逆をさせます。生徒があるものを説明します。当然関係代名詞を使わないでも，I like sushi _______than tempura. のような形でも構いません。要は，既習事項の活用にあります。

❶ワードパズルを解く

ワードパズルに挑戦！

Grade　Class　Number　Name

☆①～⑨のヒントを読んで単語を埋めていこう。すると太線の縦にタケシ君の大好きなものが浮かんでくるよ。

① A place we go to from Monday to Friday and we study there.

② An animal which lives in the mountain. It is long and it has no legs.

③ A thing which we use when it is raining.

④ I like dogs _______ I don't like cats.

⑤ my father's brother

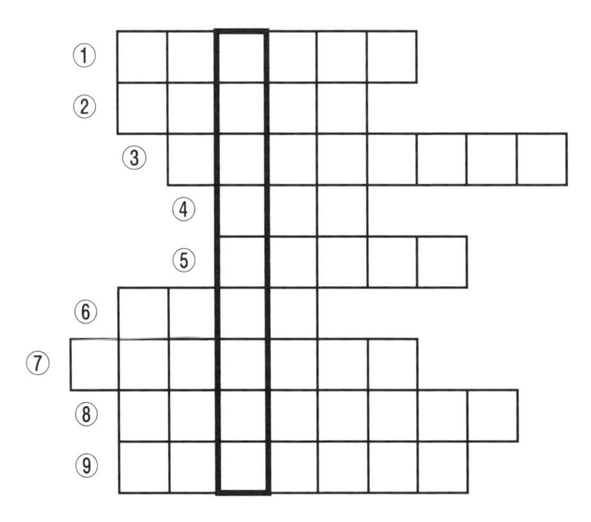

⑥ _________ ⟷ boy

⑦ A bird which cannot fly but swim. It lives in a cold place.

⑧ An animal which lives in Africa and India. It is big and has a long nose.

⑨ An animal which has a long neck and it has yellow and black skin.

❷ワードパズルを作る

T：今度は，みんながパズルを作ってみましょう。
　まず縦に何か１つ単語を書きます。
　４文字以上の英単語を選びましょう。

C：（生徒はワークシートに書く）

ワークシートはあらかじめ方眼紙のように線が引いてあるものを使用します。
その方が，升目が安定し，単語の文字数がはっきりします。

ワードパズルを作ってみよう！

Grade　Class　Number　Name

Step 1　縦に何か単語を書きましょう。
　決まったら太線で囲んでおきましょう。
Step 2　その文字につながるように横に単語を並べていきましょう。
Step 3　上から番号をつけて，ヒントを書きましょう。
Step 4　最後に枠線だけ残し，単語は消しましょう。

（例）

		b	e	d		
				e		
				s		
	m	i	l	k		

このワードパズル作りを通して，生徒は自分の持っている英語力を駆使して表現しようとします。伝えたいことを色々な方法を使って表現しようとします。

❸ワードパズル集を作成する

完成したパズルを清書し，提出させます。そしてそれらを印刷して，次の時間にみんなで解きあいます。すると集中して解き始めます。

授業に連続性を持たせます。

15 スピーチ後に質問するスピーチＱＡ

スピーチは，事前に用意したものを暗記して発表する，言わば，即興性のない活動になります。そこで，いくら上手にスピーチができても，会話や自分の思いを相手に伝えられるかというと，そうでもありません。本来は，その場のとっさの思いを表現する力を身につけさせていきたいです。それが「スピーチ」と「ＱＡ活動」をくっつけた「スピーチＱＡ」です。

❶スピーチ活動

学習指導要領では，言語活動として，「(オ) 与えられたテーマについて簡単なスピーチをすること。」と話すことの中に位置づけられています。この項目は１つ前の学習指導要領ではなかった内容です。ということは，当然のこととして，授業の中で，簡単なスピーチをすることが求められています。

スピーチというと立派なスピーチを想像しがちですが，私のスピーチは10文程度です。

そして年間で３回。

３年間で８回～９回のスピーチを行います。

では，いつ行うのでしょうか。

それは，期末テスト後です。

スピーキングテストの１つとして行います。

例えば次のような題材が考えられます。

学年	学期	テーマ	使用文法
１学年	１学期末	自己紹介	一般動詞，be 動詞
	２学期末	友達紹介（Show&Tell）	３人称単数現在＋ can
	３学期末	昨日の私（先週の日曜日の私）	過去形
２学年	１学期末	夏休みの予定	未来形
	２学期末	将来の夢	不定詞・動名詞
	３学期末	家族または友達紹介	比較級・最上級
３学年	１学期末	自己紹介	現在完了
	２学期末	私の行きたい国（Show&Tell）	関係代名詞・他
		日本文化の紹介（スピーチ QA)	総合英語
	３学期末		

❷スピーチ指導のやり方

私の考える指導はいつも簡単です。

だから考えようによっては，どの教室でも実施可能です。

(1)テスト問題に予告として出題する

まず，定期テストでの予告問題としてスピーチを出題します。

例えば，中学２年生「将来の夢」とします。

これだけでは生徒は書けませんので，授業の中でスピーチ文を書かせます。

しかし，ただ書きなさいと言っても書けません。

(2)授業でスピーチ文の書き方を教える

私は黒板に，Hello. と書きます。

２行目に，What do you want to be in the future? と書きます。

３行目に，I want to be a .... と書きます。

４行目に，Do you know why? と書きます。

５行目に，First, ...

６行目に，______________________________

７行目に，Second,........

８行目に，______________________________

（主にここの４文を生徒は考えればいいことになります。）

９行目に，I hope my dreams come true.

10行目に，Thank you.

(3)期末テスト後，発表練習をする

予告問題にしておき１文１点で10点満点とします。もちろん10文以上書いてもよいことにします。予告問題にしてあるので，既に，生徒はスピーチ文を覚えています。

あとやることは，声に出して，みんなの前で発表すれば，スピーチになります。

テスト返しの後，スピーチの練習をし，翌日，スピーチ発表となります。

❸スピーチ QA

スピーチは自分であらかじめ考えたものをみんなの前で発表するという方法です。

しかし，さらにそのスピーチを活用場面に変えてみましょう。

それが，「スピーチ QA 」という方法です。

スピーチをした後に，その内容に関して，オーディエンスから質問を受けるのです。

まさに約束なしの英会話となります。

私は中学３年生の２学期末の３年間最後のスピーチでこれを行いました。するとこの１時間だけでも，友達の質問を聞き，新たに表現を覚え，使っている生徒がいました。

16 協働学習で行う教科書の読み取り

教科書の本文の内容理解で，協働的な学習を取り入れます。通常は，音読等をして，教師が内容理解のための TF や QA などを行い，本文理解へと促します。しかし，そこを，グループによる「協働学習型の読み取り」にしてみました。すると，生徒の深い学びが保障されました。「仲間とともに知恵を出し合い課題を解決する」ことをねらった本文理解の授業です。

- ●目　　的　班で協力しながら，本文の内容を読み取る
- ●対　　象　全学年
- ●準 備 物　①ワークシート　②確認テスト　③導入ピクチャーカード
- ●活動時間　30分
- ●指導過程
  1. 新出単語の導入，練習，意味確認（５分）
  2. 本時のねらいの確認（１分）❶
  3. CD を聞き，大まかな内容を聞き取る（２分）❷
  4. 個人での読み取り（２分）❸
  5. グループによる協働学習（12分）❹
  6. 発表と質問（５分）❺
  7. 確認テスト（３分）❻

❶目標の提示（１分）

本時に出てくる単語を口頭練習し，意味等を確認した後，目標の提示を行い，場面設定を絵を見せて伝えます。

> Today, we are going to read a text in groups. Today's goal is "Read the text and help each other".
> Help each other. **が大事です。グループの本文の読み取りで，協力して課題を解決する力を身につけることがねらいです。** Look at this. This is the scene.

❷場面の理解（2分）

場面絵を黒板に貼り，CD を２回程，聞かせます。

その後，場面絵を見せ，その絵について，わかることや疑問などを出させます。

この時，学年の発達段階により，英語で言わせても構いません。

例えば，主人公が眠そうにしている絵を見せます。

“Tell me about this picture.”/“Describe this picture.”（この絵について説明してください）のように言うと，生徒は，

That is Yuki.
She is reading a book.
She looks sleepy.
She went to bed late.

のように言ってきます。

そこで，“Do you have any questions about this picture?”と尋ねると，

Why is Yuki sleepy?
What time did Yuki go to bed?
What did she do?

のように，英語で無理なら日本語でも構わないので，出させます。

その後，もう１枚の絵を見せ，同様に“Tell me about this picture.”と言います。

すると，

That is Yuki and Ms.Allen.
They are talking about gestures.

のように言います。

生徒は，絵を見て，絵について説明する力を１年生の時から少しずつつけていくようにします。（p.88参照）

❸個人での読み取り（２分）

その後，ワークシートを配り，最初は個人での読み取りを行います。

> Now, let's read the text by yourself and write down what they are talking about.
> I'll give you two minutes.

いきなり班にすると，英語のできる生徒だけが，「これはこういう意味だな」「ここにこう書いてあるよ」と，１人の生徒だけで課題解決が進んでしまいます。すると，他の生徒は，何もしない，ただ乗りをする生徒が出てきます。そこで，みんながほぼ同じ土俵にあがれるよう，初めは，個人で読む時間をとります。そして，ある程度，内容をつかんだ状態で，班にします。

生徒は，シーンとなって，黙読に入ります。

協働学習ワークシート（仲間とともに協力して課題を解決する）

協力して本文の内容を読み取ろう！

Grade　Class　Number　Name

班

班員（　　　）（　　　）（　　　）

1　わかったことを箇条書きで書きましょう。

2　読んで疑問に思ったことや質問を書きましょう。

3　発表してみよう！　＊班での発表回数を，正の文字等で，メモしておこう。

発表回数メモ

発表回数・ポイント

回／ポイント

【自己評価】		4	3	2	1
	①積極的に話し合いに参加しようとしましたか。	4	3	2	1
	②意見が出ない時に，意見が出るように声掛けしましたか。	4	3	2	1
	③自分から意見を出そうとしましたか。	4	3	2	1

❹グループでの読み取り（12分）

> I'll make a group of four. 4人1組を作ります。そのグループで読み取っていきます。
> みんなの知恵を出し合って，協力して，どんなことが書かれているのか，読み取っていってみてください。ルールは2つです。グループでの話し合いに積極的に関わります。もう1つは，協力して課題を解決することです。

協働学習のねらいとルールを確認します。その後，教師は各班の様子を見に行きながら，生徒の様子をメモしていきます。教師が班を回っていくと，生徒は教師に質問してきます。その時は，「辞書を引いてごらん」「班の人に聞いてごらん」と言い，教えることはできるだけ避けます。また，内容が読み取れた班は，本文を読んで疑問に思ったことや質問を出させます。

❺発表（5分）

まず，読んで「わかったこと」の発表です。班で発表します。ここも，できたら，指名なしで発表させていきます。発表した班には，班員全員に同じポイントを与え，評価とします。ワークシートにポイントの記録欄を作っておきます。

「わかったこと」が出尽くしたら，次に，「疑問に思ったこと」を出させます。

チャリティー・ウォークの題材（「PROGRAM 3」『SUNSHINE ENGLISH COURSE 2』開隆堂）では，

- なぜ15ドルも払って，歩くのか。
- 何人くらいが参加するのか。
- いくらくらいお金が集まるのか。
- 誰が始めたのか。
- 15ドルは日本円でいくらか。
- Walk と W が大文字なのはなぜか。
- 時間の前に，from, at, by の3種類が出ているが，どのように違うのか。　他

などが出されました。もし，教師主導で QA や TF で内容理解だけをやっていたのでは，このような「深み」は生まれなかったのではないかと思います。それぞれの質問に対して，クラスに投げかけ，「なぜ15ドルも払って，歩くのか」の質問に対しては，「お金よりも思いやりが大事」と答えた生徒がいました。学年段階で，疑問や質問，思いなどを「英語で」書かせることも，このような授業では可能になると思います。最後に確認テストをして終えます。

❻確認テストと答え合わせ（3分）

確認テスト　　Class　Number　Name

1 Yuki will go to Yokohama for a Charity Walk this summer.（T　F）

2 People have to put their name on the list by 6:00.（T　F）

17 英語で書く「対話文」の読み取り

今度は，対話文の読み取りです。対話文も前回と同じように，グループで「わかったこと」「疑問に思ったこと」などを出し合ってもいいのですが，「英語で」わかったことを書かせてみたら，どうでしょうか。例えば，Mika が " Do you have to do your homework now? " と尋ね，James が " No, I don't. " と答える場面では，" James doesn't have to do his homewrok now. " となります。

- 目　　的　班で協力しながら，本文の内容を読み取り，英語で報告する
- 対　　象　中学２年生以上
- 準 備 物　①ワークシート　②確認テスト
  ③導入ピクチャーカード
- 活動時間　約30分
- 指導過程　1　新出単語の導入，練習，意味確認（5分）
  2　CD を聞き，大まかな内容を聞き取る（１分）
  3　本時のねらいの確認（１分）❶
  4　グループ編成および協働学習（15分）❷❸
  5　発表と質問（５分）❹
  6　確認テスト（３分）❺

---

❶本時の課題（CanDo）の確認（1分）

今日の学習内容を生徒に伝えます。

T：では，今から，教科書の読み取りをグループで行ってもらいます。
　グループで行うねらいは何でしたっけ。

C：仲間とともに協力して課題を解決すること。

T：そうでしたね。今日は，対話文の読み取りです。今日も，「わかったこと」「疑問に思ったこと」をグループでまとめていきますが，「わかったこと」は，英語で書いてみてください。これが今日の勉強です。

と言って，黒板に本時の CanDo を書きます。

今日の CanDo!
　わかったことを英語で書くことができる

ワークシートを配り，グループ編成を行います。今回は，自由なグループ（2～4人まで）を作ります。なお，個人での読み取りはなく，いきなり班での読み取りにしてみます。

❷グループづくり（3分）

T：今から本文の内容をグループで読み合います。
今日は，自由グループです。
大きなねらいは，「仲間とともに協力して課題を解決する」です。
グループを作りますが，仲間外れのないようにします。
誰かが1人でいたら，どうしますか。

C：声を掛ける。

T：そうです。周りを見て，1人でいたら，声を掛けてください。
また，自分自身も，積極的にグループに入るように動いてください。
では，2人から4人までのグループを作ります。どうぞ。

生徒は立ち歩き，グループを作りに行きます。どのクラスでも，なかなか声が掛けられずにいる生徒もいます。そんな時に，クラスとして，1人の生徒を見つけ，声が掛けられるような集団でいたいものです。協働学習は，クラス内の人間関係を経験を通しながら，よくするものです。仲間でお互いに支え合い，学び合い，クラスの中に誰一人として，見捨てないような人間関係を授業を通して育てていく営みでもあるのです。

話はそれますが，すらすら英会話での席移動も，英語はコミュニケーションが大切なので，出会った色々な生徒と，気兼ねなく会話することができる生徒になってもらいたいという願いがあります。一口感想にも，「今まであまり話したことのない友達と会話ができました」と書く生徒もいて，大勢の中だと，なかなか話をしない生徒も出てくるのも当然です。

なので，意図的にグループ活動を授業に取り入れ，生徒の仲間意識を育てていきたいです。

グループになったら，机を合わせ，読み取りを開始します。

❸対話文を読み取り，英語でわかったことを書いていく（12分）

生徒はグループで読み取ったことを英語で相談したり，確認したりしながら，書いていきます。教師もグループを回り，英語での書き方で悩んでいる班には，教えていきます。教師は教えすぎないことも大事ですが，初めての学習ですので，「教えて」→「ほめる」の原則で，指導に当たります。

❹発表（5分）

各班で，わかったことを発表していきます。発表した班にポイントを与え，評価していきます。班員全員に同じポイントが入ります。その後，疑問に思ったこと，質問等を出させます。これにより「深い学び」となります。

❺確認テストと答え合わせ（3分）

18 英語での質問づくり

たいていは，教師が質問し，生徒が答えるというのが，一般的な日本の授業ではないでしょうか。教科書の本文の内容理解に関しても，教師が問いを出し，生徒が答え，内容が理解できているかどうか確認しながら進めます。今回は，教師が出す質問を生徒に作らせてみましょう。グループでどんな質問を作るか，楽しみでもあります。

- ●目　　的　英語で質問をつくることができる
- ●対　　象　中学２年生以上
- ●準 備 物　①ワークシート　②確認テスト
　　　　　　③導入ピクチャーカード
- ●活動時間　30分
- ●指導過程　1　新出単語の導入，練習，意味確認（５分）
　　　　　　2　CD を聞き，大まかな内容を聞き取る（２分）
　　　　　　3　本時のねらいの確認（１分）❶
　　　　　　4　グループ編成および協働学習（15分）❷
　　　　　　5　発表と質問（５分）
　　　　　　6　確認テスト（２分）

---

❶本時の課題（ CanDo ）の確認（１分）

T：今日は，本文を読んで質問を作ってください。いつも，先生が，“ Will Yuki go to Miki’s house next Tuesday? ” などと，本文の内容について質問をしましたが，今日は，みんなが質問を作ります。では，まず最初に CD を聞いてみましょう。

と言って，大きな課題を示し，教科書の内容を確認させます。

❷グループでの協働学習（15分）

また，最初から英語での質問づくりが難しい時には，「日本語で３つ。英語で１つ質問を作りましょう」のようにしてもよいでしょう。

私は大分大学の柳井智彦氏より，この方法を知りました。

生徒が主体的となって，本文を読むことができる優れた方法であると思います。

これをグループで協働的な学習をさせます。

その後は，発表，確認テスト等を行い，質問づくりの課題を終えます。

協働学習ワークシート（仲間とともに協力して課題解決を図る）

本文を読んで，質問を考えよう！

Grade　Class　Number　Name

班

班員（　　　）（　　　）（　　　）

1　日本語で質問を２つ考えよう。

2　英語で質問を２つ考えよう。

3　発表してみよう！　＊班での発表回数を，正の文字等で，メモしておこう。

発表回数メモ

発表回数・ポイント

回／ポイント

【自己評価】

①積極的に話し合いに参加しようとしましたか。	4	3	2	1
②意見が出ない時に，意見が出るように声掛けしましたか。	4	3	2	1
③自分から意見を出そうとしましたか。	4	3	2	1

19 英英辞典を読み合う活動

グループ学習をいかに英語授業に取り入れるか。また，それにプラスして，アクティブ・ラーニングの視点をグループ学習にどう盛り込むか…と考えれば，意外と今までやってきたことを応用させることで，実現可能になってきます。ただあくまでも，アクティブ・ラーニングをすることが目的ではなく，手段であることを常に心得てください。

- 目　　的　班で協力しながら，英英辞典を読み取り，読み取りの力を育てる
- 対　　象　中学３年生２学期以降
- 準 備 物　①ワークシート　②確認テスト
- 活動時間　25分
- 指導過程
  1　英英辞典について知る（５分）❶
  2　本時のねらいの確認（１分）❶
  3　個人での読み取り（３分）❷
  4　グループによる協働学習（８分）❷
  5　発表と質問（５分）
  6　確認テスト（３分）

❶英英辞典について知る（６分）

> **英英辞典を引いてみたら，こんな風に説明がありました。**

と言って，次の定義を示します。

the direction from which the sun rises, and which is on the right if you are facing north

これは，Longman Dictionary of Contemporary English（http://www.ldoceonline.com/）のOnline Search で定義されている語彙です。

生徒は，最初の direction で，つまづくでしょう。

しかし，知っている語彙で，この英文全体から意味を想像する力は，純粋な英語力とはまた別な意味で，とても大切なことです。

英文を数回読み上げ，わかった生徒は黙って手を挙げるように指示します。

どんな単語を引いたか，わかった人は黙って手を挙げます。

このように指示しておかないと，生徒は答えを言ってしまいます。
すると，他の生徒は，考える学習が保障されません。
手が挙がったら，
「はい」
と言い，目で合図し，手を下ろさせます。
再度，英文を読み上げ，
「わかった人は手を挙げます」
と言います。
わかった人に，どの言葉でわかったのかを発表させます。
生徒は，
「太陽がのぼる？？？方角？？」
とか，
「北の方に向かって右側」
のように，読み取ります。
その後，「では，どんな単語を引いたのか，隣の人と相談してごらん」と言って，短く相談させます。
その後，答えを生徒から引き出します。

答えは？　わかった人で日本語でどうぞ！

と言うと，「東」と言ってきます。
「ちなみに英語で言える人？」
と言うと，生徒は「 east 」と言ってくるでしょう。
その後，

みんな最初の　direction という意味がわからなかったでしょう。でも，全体的な意味から，たとえわからない語があっても想像することはできます。もちろん知っていた方がいいのですが，世の中に出て，すべての語彙を知っていることって，なかなかありませんね。
みんなもそうでしょう。新聞を読んで，すべての語彙の意味がわかりますか。
わからないけど，前後から想像して，全体を理解するでしょう。

まして，英語です。
すべて語彙がわかっていることは，めったにありません。
そんな時には，わかる単語をたよりに，英文全体を想像するのです。
今日は，そんな学習をしたいと思います。

と，英単語がわからない時の乗り越え方を説明します。

こういうスキルというか，心構え，態度は，私は大事であると思いますし，アクティブ・ラーニング的に言うと，「主体的な学習」へとつながるのではないかと考えます。

❷協働学習（11分）

（1）個人での英英辞典の読み取り

次のようなワークシートを配布します。

英英辞典を読んでみよう

Grade　Class　Number　Name

1 the time of the year when the sun is hottest and the days are longest, between spring and autumn
( )

2 a very large orange fruit that grows on the ground, or the inside of this fruit
( )

3 a round white vegetable with a brown, red, or pale yellow skin, that grows under the ground
( )

4 the part of your body at the end of your arm, including your fingers and thumb, that you use to hold things
( )

5 the room where you prepare and cook food
( )

6 a piece of cloth that you use for drying your nose or eyes
( )

まず３分くらい時間をとり，個人で英英辞典の読みを行います。

なんでもそうですが，いきなりペアやグループにしてしまうと，英語のできる子が活躍し，英語の苦手な子が，考える時間もなく，相手のペースに準じてしまうことがあります。

すると，すべての生徒の学習保障がなされません。
まずは，個人での学習活動とします。

（2）４人グループでの英英辞典の読み取り

さて，協働学習での大事なポイントは，なんといっても

１人では解決できないような課題の提示

なのです。
簡単にできてしまう課題では，グループにする必要はありません。
仲間の知恵を集めないと，課題が解決しないようなタスクが本来はよいです。
よって，この英英辞典でも，a very large grey animal with four legs, two tusks (=long curved teeth) and a trunk (=long nose) that it can use to pick things up から，a very large orange fruit that grows on the ground, or the inside of this fruit まで，容易なものから困難なものまで意図的に選び出します。
後者では，a very large orange fruit that grows on the ground, or the inside of this fruit, 例えば１人が英文を読めたとして，なかなか簡単には想像がつかないでしょう。
そこで,「オレンジ色の果物」「地面の上に育つ」というヒントを仲間に相談します。
すると，英語は苦手だけど，想像力や発想力がよかったり，思ったことを口に出したりする生徒がいたり，または辞書を引き出す生徒がいたり，仲間で協力して課題を解決する余地を残すような課題の提示が大事になってくるのです。
簡単ではだめなのです。

（3）答えの発表

いよいよ答え合わせです。
各グループに，ミニホワイトボードとペンを渡します。
１番から答えを確認していきます。
各班の解答者は立って，答えを書いたホワイトボードを一斉に出させます。
ここはクイズ番組のような形です。
ここで例えば，もしかしたら，
a round white vegetable with a brown, red, or pale yellow skin, that grows under the ground を，under the ground から,「大根」と解答する班がいるかも知れません。
でも，他の班から,「じゃがいも」と出てきたら，もしかしたら,「ああ，そうか…」となるかも知れません。
こうして他者からの学びも，１人では学習できない協働的な学習の特徴となります。

20 グループで作成する意見文

中学2年生で学習した，There is / are を使って，探求型の協働学習を考えます。「ディズニーランドとディズニーシーのどちらがおすすめ？」と題して，グループで意見文を作ります。また，不定詞を学習したばかりであれば，want to と合わせて，話題にしてみてはどうでしょうか。

- ●目　　的　班で協力しながら，意見文を書く
- ●対　　象　中学2年生2学期以降
- ●準 備 物　①ワークシート　②確認テスト
- ●活動時間　約30分
- ●指導過程
  1 ワークシートを配布し，本時の学習内容のねらいと説明（2分）❶
  2 班にする（1分）
  3 協力して意見文を書く（10分）❷
  4 グループで発表練習をする（5分）
  5 グループ発表と質疑応答（10分）
  6 確認テスト（2分）

❶どっちに行きたい？（2分）

T：This is Disneyland and this is Disneysea.
（と言って，パンフレットを黒板に貼る）
Which do you want to go?

C1：I want to go to Disneysea.

C2：I want to go to Disneyland.

T：Why do you want to go to Disneysea?

C1：Because we can enjoy Tower of Terror.

T：That's right. There is a tower in Disneysea. It's very scareful.
Why do you want to go to Disneyland?

C2：Because there is a Mickey's House and Minnie's House in Disneyland.

T：Do you like Disney characters?

C2：Yes.

T：Who do you like?

C2：I like Mickey.

T：O.K. So there are some differences between Disneyland and Disneysea.

（1）Roller coasters

T：In Disneysea, there is a loop roller coaster. But there is not a loop coaster in Disneyland.

There are two roller coasters. They are Big Thunder Moutain and……

C1：Space Mountain.

T：Right.

（と言って，アトラクションの写真を見せる）

（2）Shooting attractions

T：Look. This is Toy Story Mania. This is a shooting attraction.

Are there any shooting attractions in Disneyland?

C1：Buzz Lightyear and…

C2：Monsters, Inc. Ride and Go Seek!

（3）Vehicle

T：There is a big ship and there is a canoe in Disneyland. We can enjoy rivers, mountains and we can go hiking in Disneyland. We can enjoy new Jungle Cruise there.

How about Disneysea? There is a railway and there are ships, gondola.

C1：ディズニーランドにも電車はあるよ。

T：Can you say it in English?

C1：Ah, there is a railway in Disneyland too.

T：Right.

（4）Shows & Parades

T：Look at this. This is a show and this is a parade. In Disneyland, there are some shows and parades.

But there are not any parades in Disneysea. There are some shows in Disneysea.

（5）Hotels

T：There is a hotel in Disneysea. It's MIRACOSTA. We can see a show from the hotel.

（ホテルミラコスタの写真を見せる）

There is not a hotel in Disneyland. But there is a hotel near Disneyland. It's DISNEYLAND HOTEL.

❷外国から来た友達をディズニーに誘おう（10分）

T：では，今日は，もしディズニーに行くなら，どっちに行きたい？

ディズニーに行くならどっちに行きたい？
ーその理由は？ー

Grade　Class　Number　Name

I want to go to

コラム❸

今までの授業は否定しない！

文法指導をアクティブ・ラーニング風に変えていきましょう。

例えば，Are you～? の学習で，１人１枚ずつ，動物の絵を配り，自分だけ，こっそり見るように指示します。

その後，「今，配ったカードに書いてある動物は，みんなだとします。（え～～～）。見せちゃいけないよ。さて，このクラスにサルが８人います。（え～～）そのサルを探したい。どんな英語を使えばいい？」と言うと，“Are you a monkey?”と生徒は言ってきます。

そこで，「サルを８匹見つけましょう。時間は３分間」と指示し，生徒は教室中を“Are you a monkey?”“Are you a monkey?”と声に出しながら，探し始めます。

これはこれで，とても楽しい活動で，目的を持ったリピーティング活動です。

ですから今までの授業をすべて否定する必要はないのです。

ただ，このような活動をやった後に，アクティブ・ラーニングの視点である「主体性」「仲間とともに協力して課題の解決を図る」という２つの要素の入った活動を考えればいいのです。

班でアイデアを出し合い，協力して言語を使う場面がいいです。

本書でも紹介している方法がこれです。

ペアで，先生が“Yes, I am.”と答えそうな質問を５つ考えよう。

生徒は，ノートに先生が“Yes, I am.”と答えそうな質問を協力して考えます。

例えば，確実なのは，“Are you an English teacher?”“Are you a human?”（これは絶対に出てきます）

また，“Are you a good father?”“Are you happy?”“Are you from Japan?”“Are you Mr.Takizawa?”など，頭を使って考えるでしょう。

また，逆に，

先生が No, I'm not. と答えそうな質問を５つ考えよう。

としてもよいでしょう。

却って，No. で答える質問を考えるのは，思考力を必要とします。

大きな課題を出し，言語使用を協働的な学習を通じ，友達と協力して課題を解決する学習ルールを早いうちから学ばせたいものです。

学習課題を考える

これからの教材研究では，素材研究の他に，「適切な学習課題を考える」ということに時間が費やされるかも知れません。なかなかそんなよい学習課題は見つからないでしょう。ただ，学習課題設定の鉄則は，

①１人では課題を解決できないくらい大きく

②正解のない問い

です。

例えば，「教科書本文を読んで，疑問点をなんでもいいから５つ，グループで出し合ってみよう」と課題を出します。

すると生徒は，

●制服を着るのは日本だけのルールなのか。

●アメリカでは制服は着るのか。

●中国では給食はあるのか。

●宿題は出るのか。

●何時に登校するか。

等と，疑問点が出てきます。

ただこれを日本語でやっていたら，英語の授業ではありませんので（段階的に日本語で考えさせる指導過程はあってもよい），次に，「出た疑問をグループで協力して英語で書いて言ってみよう」とします。

今までは，教科書本文は読んで内容理解をして，おしまいでしたが，このように批判的な読み（Critical Reading）をしながら，自分の考えを英語で伝えられる生徒を育てていきたいです。

さて，生徒から疑問が出ると，それが「探究的な学習」となります。

しかしながら，英語の授業で探究的な学習のようなプロジェクト型の授業は，時間の制約もあり，なかなかできません。

自学で調べてごらん…というようにさせるか，もしくは教師が資料を用意し，「アメリカの学校生活について読んでみよう」のように，リーディング活動にしてしまう手もあります。

いずれにせよ，アクティブ・ラーニングの授業はこれからです。

色々，研究の余地があることと思います。

Chapter 5

英語授業での
アクティブ・ラーニングQ&A

アクティブ・ラーニングにおいて，避けては通れないものに「ラーニング・ピラミッド（National Training Laboratories Bethel,Maine）」があります。このラーニング・ピラミッドは実証されてはいないということですが，私たち教育者にとっては，納得のいく段階と言えるのではないでしょうか。

知識の定着には，活動によって差が出てくることを数値で示しています。

まず，

- Lecture（「聞いただけ」）では…5%。 ❶
- Reading（文字として提示され，それを「読む」）と…10%。 ❷
- Audio Visual（さらにそれが，「視覚的教材で示される」）と…20%。 ❸
- Demonstration（本物を見せたり，「実演（実験）」した場合の知識の定着）は…30%。 ❹

の定着率となり，**Seeing is believing.**（百聞は一見に如かず）ということです。

続いて，

- Group Discussion（グループで「話し合う」）と…50%。 ❺
- Practice by Doing（自ら「体験する」）と…75%。 ❻
- Teaching Others（他人に「教える」）と…90%。 ❼

の定着（理解）となるようです。

よって，教室内で課題が早く終わった生徒が友達に教える場面を意図的に設定することは，実は，教えている人の方が一番学んでいるということになります。まさに，「教えることは学ぶこと」ということになるわけです。

ここで注目したいのは，上部の4つを「受動的」と記し，下部の3つを「参加型」と記している点です。

まさしく，アクティブ・ラーニングの目指す学習形態は，この下部の学習を指すのではないでしょうか。

私は「はじめに」（p.2）で**「単にアクティブに学んでいればそれでいいのでしょうか」**と書きました。要は，いかに下部の3つを授業で取り入れることが本来のアクティブ・ラーニングの姿となるのではないかと思っています。

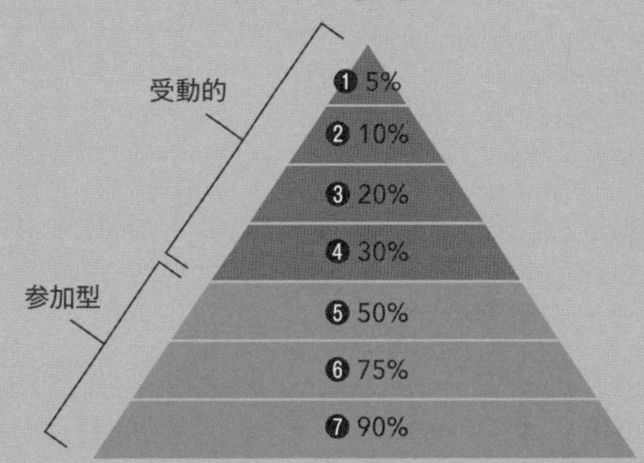

数字（%）は，学習定着率の平均

Q1　アクティブ・ラーニングの授業を通して，生徒にどんな力をつければいいでしょうか。

A1　正解のない問いに向かって，仲間とともに課題を解決する力。

学校教育は何をすべきか？　～10年後，20年後を見据えて～

色々なところで，何度も繰り返し耳にしているであろう言葉，「将来の変化を予測することが困難な時代」…。ここがアクティブ・ラーニングの原点であり，まさしくアクティブ・ラーニング型の授業の必要性を物語っています。

「論点整理」には，次のように書かれています。

> 将来の変化を予測することが困難な時代を前に，子供たちは，現在と未来に向けて，自らの人生をどのように拓いていくことが求められているのか。また，自らの生涯を生き抜く力を培っていくことが問われる中，新しい時代を生きる子供たちに，**学校教育は何を準備しなければならないのか。**（太字・下線は筆者による）

この「問い」への解答の１つが，授業の“アクティブ・ラーニング”なのです。

子供たちが10年後，20年後，生きる社会の先行き不透明な時代には，今までに誰も解いたことのない，正解のない問いに向かって，仲間とともに協力して，課題解決を図る時代だと言われます。

はじめから正解があって，その正解に向かって答えを探し求めるのではなく，何が正解だかわからないけど，協力して，課題解決のために，智慧を出しあい，既有知識を活用し，チームで課題解決に当ることが求められるようになるのです。

そのような力を今の目の前の生徒につけていかないと，時代の中で活躍できないのです。

そこがわかれば，必然と授業で何をすればいいか，容易に理解できるのではないでしょうか。

また，もともとアクティブ・ラーニングの考え方は，大学教育における講義形式からの脱却です。学生をいかに主体的に動かし，能動的な学習をさせるかを大きな課題とし，スタートしました。そういう意味では，「主体的」な態度の育成とも言えるでしょう。

アクティブ・ラーニングは手段であり，授業でのねらいは「英語の力をつける」ということです。しかし同時に，私たちは人間教育をしているわけですので，目の前の子供たちが必要となるであろう力も英語学力と同時に育てていかなくてはいけません。

Q2 アクティブ・ラーニング型の授業をしたいと思いますが，どのようにしたらいいのでしょうか。

A2 今ある授業に，キーワードを当てはめてみよう！

アクティブ・ラーニングのキーワードは，「主体性」と「仲間とともに課題を解決する力」です。このキーワードを，今までの授業に当てはめてみたらどうでしょうか。

例えば，生徒が音読をしています。そして，生徒が「主体的な読み」をしているかどうか，観察してみるのです。自分から積極的に音読していく姿勢が，主体性の現れとなります。しかしながら，嫌々音読している生徒もいます。数人ならまだしも，クラスのほとんどがそのような状態であれば，何か対策を立てなくてはいけません。

では，どうしたらいいのでしょうか。

１つ目は，「目的」を語るのです。

なぜ音読をしなくてはいけないのか…。その「目的」を語るのです。授業では必要のない活動は１つもありません。私たちの教授行為には，必ず意味や目的があります。音読もなぜ音読練習をしなくてはいけないのかその目的を語るのです。

２つ目は，「目標」を与えることです。

目的の達成のために，今現在，この音読では，どんなことができるようになればいいのか，どんな点に気をつけて音読したらよいのかを示してあげるのです。すると生徒はその目標に向かって音読します。音読活動に意味を持たせるのです。

目標のないところに人間の行動はありません。目的や目標を，教師に言われなくても，日々の授業により，自ら「目的」や「目標」を理解し，意識するようになって初めて，生徒は「主体的な学習」ができるようになります。

だから１つの教科だけで取り組むのではなく，全教科・全領域を通じ，「主体的に学ぶ生徒」の育成に学校全体で力を注ぎたいものです。

３つ目は，「仲間と協力して課題を解決していこうという姿勢が見られるか」です。

これからの時代，自分１人で解決する場面よりも，チームを組んで，色々な人の意見を集めながら，協力して「正解のない問いへの答え」を見つけ，課題の解決を図る時代が来ます。授業の中で，個人学習が多ければ，ペアやグループ学習を積極的に取り入れていくことも，アクティブ・ラーニング型の授業へと近づくのではないでしょうか。

ぜひ！トライしてみてください。

Q3　グループ活動を取り入れ，協働的な学習を行う場合，留意すべき点は何でしょうか。

A3　協働学習のねらいと，大きな課題，そして，確認テスト。

アクティブ・ラーニングの１つの方法に，協働学習があります。協働学習では，１人１人に役割が与えられ，必然的に能動的な活動になります。しかし，そんな協働的な学習も生徒は初めからできるわけはありません。初めからできたら，教師は必要ありません。不十分だからこそ，教師の指導が必要なのです。

まず，協働学習のポイントの１つは，

①大きな課題を与えて，チームで課題解決に迫らせること。

ということです。

つまり，協働学習とは，個人ではなかなか解決できないような課題に対して，仲間とともに協力しながら，正解のない問いへの課題を解決する営みです。よって，個人では達成できないような大きな課題を用意しましょう。

２つ目のポイントは，

②協働学習後に，確認テストをする。

ということです。班員のすべての人が合格をもらえるように協働学習を進めるようにします。

これはアクティブ・ラーニングの第一人者であり，私の大学の時の空手部の監督である小林昭文氏から学んだことです。（小林昭文著『アクティブ・ラーニング入門』産業能率大学出版部参照）

３つ目はなにより，

③「なぜグループで学習をするのか」を生徒に語る。

ということです。生徒たちに「なぜチームで行うのか」を理解させ，「仲間とともに課題を解決する大切さ」や「協力して課題を解決するチーム力」「積極的に課題解決に関わる姿勢」等，協働学習を行うにあたっての協働学習のねらいや大事な点を確認しておきます。

Q4 協働的なグループ学習で全員が活動するにはどのようにしたらいいでしょうか。

A4 自己評価で行動指針を示す！

中学２年生の be going to の授業で,「夢の旅行プランを立てよう」という大きなテーマを与え，グループで１つの旅行プランを立てさせました。

どこに行くか。訪問先で，何をするか。何を食べるか。

４人１組の班では，積極的に班員に，発言を投げかけている生徒もいました。

「どこ行きたい？」

「そこで，何をする？」

「そこは，何が有名なんだろう」

また，その発言に対して，

「バリ島がいい」

「エッフェル塔に行こうよ」

「スペインだと闘牛が有名だけど，英語でなんて言うんだろう」

などと，発言をつないでいる生徒もいました。

これが理想です。しかしながら，性格上の問題や学力上の問題で，友達から声をかけられても，あまり上手にしゃべらない生徒がいるのも事実です。また，そうでなくても，このような活動に慣れていないと，班での話し合いがうまくいかないことがあります。

そこで，活動を振り返らせ，自己評価させます。

〈今日の活動を振り返ってみよう〉

① 積極的に課題解決に関わろうとしましたか。	4	3	2	1
② 仲間とともに課題を解決しようとしましたか。	4	3	2	1
③ 協力し合って，課題解決を図ろうとしましたか。	4	3	2	1

能力ではなく,「～しようとする」という「態度面」での自己評価です。

これを繰り返していくと，この学習スタイルでは，どのように行動したらよいのかが徐々に生徒の中に浸透していき，積極的に話し合いをしようと動けるようになってきます。

あとはほめることです。なにせ，今までの授業では，静かにすることが生徒に課せられた学習態度でしたから…。

Q5 教師主導の一斉授業とグループ学習とでは，どう違うのですか。また，どんな良い点があるのですか。

A5 生徒が主体的になり，生徒から疑問が出てくる！

「夢の旅行プランを作ろう」のグループ学習では，生徒の中で，色々な行動が見られました。

まず最初に個人で夢の旅行プランを立てさせました。

その時には，当然，「私は…」ですので，I'm going to go to～. というようにI'm で始めます。

しかし，グループになり，1つのプランを考える段階になると生徒は気づきます。

「先生！　班で書く時には，We are ってなるのですか？」

私は，大きめの声で，「そうだね。大事なところに気づいたね。私たち…だから，We're going to... となるんだね」と言いました。

一斉授業では，どうしても教師が教えがちです。

教師が生徒に問いかけ，生徒が答える方式になります。

しかし，課題を与え，グループで学習を進めると，生徒は主体的になりますから，色々な疑問が生まれてくるのです。先ほどのI'm going to... から，We're going to ... に変える必要性を生徒自らが気づくのです。

また，こんなこともありました。

教科書の内容理解をグループ学習でさせてみると，生徒は本文の内容を読み取りながら，どんどん疑問が出てくるのです。

例えば，教科書に次のような前置詞が1ページに3種類出ているのです。

それも，どれも時間の前についているのです。

> You can put your name on the list **from** 6:30 a.m.
> The Walk begins **at** 7:00 a.m.
> You must begin your walk **by** 7:30 a.m.
>
> 「PROGRAM 3」『SUNSHINE ENGLISH COURSE 2』p.27（開隆堂）平成28年度版

この時，生徒から，「時間の前に3つの違う語がついている」と気づきました。

なかなか教師が思いつかないところです。また，グループへ教師が回っていくと，生徒も質問しやすいようです。ただし，教師は教えすぎないことも大事です。

Q6 生徒に協働的な「学び合い」をさせたいと思います。ポイントは何でしょうか。

A6 教師は教えすぎない。友達に聞くようにさせる。

協働学習（グループ学習）で，教科書本文の内容理解をさせていた時のことです。
生徒は次の１文で，ハテナになりました。
次の put をどう訳すか…です。

> You can put your name on the list from 6:30 a.m.
>
> 「PROGRAM 3」『SUNSHINE ENGLISH COURSE 2』p.27（開隆堂）平成28年度版

当然，生徒は聞いてきます。

C：先生，ここどういう意味ですか。

これに対して，教師が教えてしまったら，生徒の主体的な学習はできません。
わからなければ，辞書を頼ればいいのです。
そこで，次のように言いました。

T：辞書引いてごらん。

生徒は教科書の巻末の辞書を引いて意味を調べ始めました。すると，put の意味に「置く」という意味があることに気づきました。でも，ここで生徒は，「名前を置くってどういうこと？」とつぶやきました。

T：班員に聞いてごらん。

その疑問を生徒に投げかけ，疑問を共有させました。
すると，「６時30分にリストに，名前を…書くってことじゃない？」と，少し話し合った後，出てきました。
せっかくのグループ学習です。教師は教えすぎないことを心がけましょう。

Q7　ペアや４人１組のグループの編成の仕方はどのようにすればいいでしょうか。

A7　座席順やフリーなど，臨機応変に変化をつけて！

チーム力を鍛え，１人１人の思いや考えを結集し，より高次な考えやアイデアへと発展させていくためには，グループの協力は欠かせません。子供たちにチームとして動ける力を今のうちからつけていくために，意図的なグループ活動を仕組んでいきます。

その時に，気になるのが，「グループ編成」です。

まず基本は，

①隣同士のペア

です。

次に，その隣同士のペアを前後くっつけると，

②４人組のグループ

になります。

さらに，

③自由な組のペアや４人組グループ

もあります。

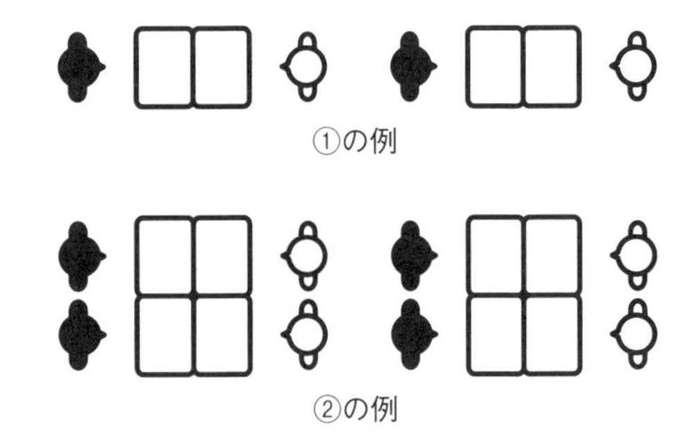

①の例

②の例

もちろん，仲間外れのないようにします。

経験的に，６人では，十分な協働学習ができません。

やはり，人数は４人までと私は考えます。

ただあくまでも，グループ等による協働学習は，「手段」であって，主たる「目的」ではありません。活動を通して，生徒に身につけさせたい“英語力”や，10年後，20年後に必要とする“仲間とともに課題を解決するチーム力”を鍛えることがねらいとなります。

また，チーム力はついたが，英語力がつかないのでは，英語の授業ではありません。

それは総合的な学習の時間でやればいいことなのです。

生徒はアクティブ・ラーニング型の学習を通じて，だんだん成長してきます。ある程度，回数を重ね，課題がクリアーされていけば，そのタイミングで，「今日は，班員の１人残らずアイデアを出しあおう」と目標を提示したり，「積極的に自分の思いを語りましょう」と示したりするとともに，自己評価も「最低１つは，アイデアを出しましたか」「みんなからアイデアを出すように声掛けしましたか」と書いておくだけで，話し合いが上手な生徒集団に変化していきます。もちろん，教師の声掛けも大事です。

Q8 学力の３要素とは何でしょうか。また，英語授業との関連は？

A8 学校教育法（第30条２項）に規定されている学力のことです！

“学力の３要素”とは，次の３つを指します。

(1) 基礎的・基本的な知識・技能
(2) 知識・技能を活用して課題を解決するために必要な思考力・判断力・表現力等
(3) 主体的に学習に取り組む態度

これは，学校教育法（第30条２項）で定められています。

第30条
2　前項の場合においては，生涯にわたり学習する基盤が培われるよう，**基礎的な知識及び技能**を習得させるとともに，**これらを活用して課題を解決するために必要な思考力，判断力，表現力その他の能力**をはぐくみ，**主体的に学習に取り組む態度**を養うことに，特に意を用いなければならない。（太字・下線は筆者による）

英語授業との関連で言うと，次のように整理されるでしょうか。

学力の３要素	主な学習活動，学習姿勢		段階	学び
●基礎的・基本的な知識・技能	知識　・単語　・文法 技能　・聞くこと　・話すこと　・読むこと　・書くこと	➡	習得	対話的な学び
●知識・技能を活用して課題を解決するために必要な思考力・判断力・表現力等	思考・判断・表現力等 ・既習事項等を用いたコミュニケーション活動	➡	活用	深い学び
●主体的に学習に取り組む態度	主体的な態度 ・積極的にコミュニケーションを図ろうとする態度 ・主体的な探求型の学習	➡	探究	主体的な学び

Q9　黙りこんでしまうペアがいる場合は，どのように指導すればいいでしょうか。

A9　4人グループにしてしまう。

こういう場面はあり得ます。たまたま隣のペアが無口だったり，男女であったりする場合，本来は，誰とでも会話をし，課題を解決していけるようにしなくてはいけないのですが，黙りこくってしまう。

そんな時，4人グループにしてみます。

隣のペアから，4人グループです。

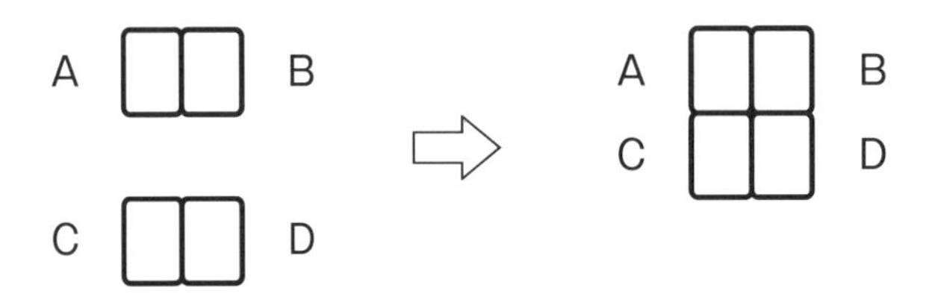

すると，どうなるかというと，AさんとCさんで話し合うのです。

また，BさんとDさんの隣同士で，学び合うのです。

もちろん4人で，学び合う班も多くありますが，先ほどのようにAさんとBさんとでは，なかなか話し合いにならないけど，4人組になった隣同士のAさんとCさんでは，自然と対話ができている場合があるのです。

もし，ペアであまり対話がない場合は，次からは4人組にさせ，結果的にペアでの会話を成立させてみてはどうでしょうか。

また，生徒にも語りかけます。

T：仲間とともに，課題を解決することを学ぶ時間です。
T：積極的に，話題を投げかけてみることは，大事なことです。
T：声を掛けてみて。

と全体に声掛けします。

教師が黙っている2人の仲立ちをし，少しでも，話が進むように導いてあげることも，大切です。何かきっかけがあれば，その後はペアで話が進むかも知れません。

Q10 協働学習では どのような課題を設定すればいいでしょうか。

A10 個人では達成できないような 大きな課題を与える！

グループで協力しなくては達成できない課題が鉄則なんですが，そうそう適切な課題は見つかるものではありません。また生徒によっては，せっかく考えた課題であっても，個人でやれてしまうものや，敢えてグループよりも個人でやった方が効率のよい場合があります。

そんな時，「時間を制約する」ことにより，仲間の力を結集せざるを得ない状況に持ち込むことができます。

例えば，本書（p.110）の英英辞典を個人で読み取る時間を与えず，いきなり４人班にします。

そして，次のように言います。

T：今から，班で協力して，英英辞典を読み，どんな語彙の定義かを（　　）に書いてきます。ただし，時間は，たったの４分間です。何問クリアーするでしょうか。

すると生徒から，「エーーーー」「無理～～」という声が出てくるでしょう。

そこで，

T：仲間がいるでしょう。班で作成会議，１分，差し上げます。

と言い，作戦を立てさせます。

「４分間で読み取りなさい」は，とうてい１人では無理です。

仲間の力が必要となります。

すると，生徒は，定義文は30個あるので，それらを４人で分け，１人７～８つずつ読み取るように分担をしだすグループが出てきます。

ただし，この場合は，「できないことを決して責めないこと」「１人も見捨てない」ということを確認します。

また，意図的に，ABCDとカテゴリーに分け，Aには５つの定義文。Bには７つ。Cには８つ。Dは10個というように，すぐに分担できるように，密かに分けておくのもいいかも知れません。

いずれにせよ，学習課題を考えるのが，アクティブ・ラーニングのツボとなります。

Q11 アクティブ・ラーニングで大切な「主体性」。「自主的」とは，どう違うのですか。

A11 自主性とは言われたことをやる。主体性とは，言われたこと以外も行う！

学力の３要素の３つ目は，「主体的な学習」です。ここが今後，最も大切に扱われるべき要素となるでしょう。

アクティブ・ラーニング型は，講義形式を否定します。生徒の思考がアクティブになったり，体験を重視するなど，生徒の活動が保障されるような授業がアクティブ・ラーニング型です。

そこには，生徒の主体性につながるように，授業を工夫しなくてはいけません。

子供たちが，自分から進んで学習する姿へと生徒を仕向けるのです。

では，**主体的**，**自主的**は，どう違うのでしょうか。

実は，ともに自分から進んで取り組む姿勢を言いますが，**自主的**というのは，指示されたことを自分から進んで行うことを指します。よって，そこには工夫や創造性はありません。「宿題を毎日やる」という課題に対して，宿題を終わらせるのは，自主的と言うのです。

それに比べ，**主体的**な学習とは，例えば，もし宿題が終わったら，何か他に自分の足りないところはないかと考え，「そうだ！わからない言葉の意味を辞書を使って調べてまとめておこう」というように，創造性のある学習，前向きな学習が，主体的な学習と言えます。

よって，目指す子供像としては，主体的に学ぶ児童生徒の育成ということになります。

例えば，単語を学習し，新出単語として，grandmother（祖母）が出てきたとします。

その時に，次のように質問してくる生徒がいれば，その子は主体的に学んでいることになるでしょう。

「先生！　ひいおばあちゃんは何て言うの？」

また，家庭学習で，「ひいおばあちゃんを英語で何と言うか」と，自分で調べる姿勢があれば，それは，“主体的な学びをしている”と言えるでしょう。

そう考えれば，私たちが育てなくてはいけない生徒像は「主体的な生徒」であることがわかるでしょう。

いずれにせよ，私たち教師が，**生徒がどのような姿勢，どのような態度であれば，主体的に学習していると判断するのか，そのイメージがなければいけません。**

Q12 主体的な学習で大切な「目標」と「振り返り」はどのように指導したらいいのでしょうか。

A12 学習の理解度と不十分な点を振り返らせる！

振り返りの１つの場面として，

①活動をさせた後に，小刻みな評価を行う

ことがあります。

手を挙げさせるだけでも，評価になります。

例えば，「つっかえずに読めた人？」と言って，手を挙げさせます。

それにより，生徒は自らを振り返ることができます。

また，

②ワークシートに自己評価欄を設け，書かせる

ようにします。

つまり，ワークシートで会話活動をしたら，例えば

・できるだけ色んな人に話しかけようとしましたか。	4	3	2	1
・今日の英語を使って，相手に質問することができましたか。	4	3	2	1
・相手の質問に答えることができましたか。	4	3	2	1

のように，自己評価欄をつけておきます。

③自由記述による評価をさせる

授業や活動を振り返っての「学び」を書きます。また，不十分な点を書きます。そして，理想的には，その不十分な点を，家庭学習につなげたいと思います。

ただ，振り返りの書き方を指導しないと，ただ「楽しかった」とか，「次は頑張る」のような中身の振り返れないコメントを残します。

そこで，よい振り返りは，英語通信に載せて，コメント力をつけるようにします。

おわりに

英語教育界にまた新しい課題がやってきました。
１つは「学習到達目標（CanDo リスト形式）」であり，もう１つは，「アクティブ・ラーニング」です。
どちらも研究の余地がある重要なテーマです。

2020年から小学校に英語科が入ると，中学校英語も変わってきます。
小学校５・６年生を対象に，週２時間の英語授業が計画されてます。
となると，今まで以上に英語に触れた児童が中学校に入学してくるというわけです。
これは，大きな変革です。
教科書の入り方も変わってくるでしょう。
学習指導要領により，目標は提示されますので，小学校で「コミュニケーション能力の基礎」を身につけた生徒を，中学校で「コミュニケーション能力」を養ってかなくてはいけません。
文字指導をどのようにやるかというのも大きな課題となるでしょう。
そして，何より，ゴールをどこに設定するか…です。
絶対に現在の英語学力以上のことが求められるはずです。
語彙数も増えます。
まさしく，私たち英語教師が，主体性を持って英語教育を考え，授業改善をしていかないといけない時代なのではないでしょうか。

私は小学校に計６年間勤めました。
小学校の外国語活動では，「慣れ親しませるためには，どのような活動があるのか」が常に私の課題となっていました。
もちろん，中学での指導は通用しません。
小学生は小学生で，やはり子供です。
子供だからこそ，良い面もたくさんありました。
「同じ活動を飽きずに何回もする」
「文法を気にしないで英語を話す」
週１時間の授業でしたが，慣れ親しませるには十分な時間でした。
中学校勤務時は，
「英語の苦手な生徒をどうするか」

「話す力をどのようにつけたらいいか」
「単語が書ける生徒を育てるにはどうしたらいいか」
等，日々の授業から，自然と課題がやってきました。
まさしく，課題解決の毎日でした。
現在は，Ｔ２として，英語授業のサポートに回り，アクティブ・ラーニング型の英語授業を模索しているところです。

私が初めて手にしたアクティブ・ラーニングの本は
●『アクティブラーニング入門』小林昭文著（産業能率大学出版部）
でした。
特にアクティブ・ラーニングに興味があったわけではありません。
ただただ，著者名に，小林昭文氏の名前があって，即購入したのです。
小林昭文先生は，実は私の大学時代の空手部の監督です。
その前には，「学校教育相談」（ほんの森出版）という月刊誌で，小林先生の玉稿を読ませていただいておりました。同姓同名でなく，空手部の小林監督だ…と気づいた時には，とても感激しました。
そんな関係で，小林先生の名前を見ると，すぐさま手にし，買わせていただいたのです。
高校の理科の授業における協働学習でしたが，監督なら，いい授業ができるだろうな…と生意気ながら，そう思いました。
その後，
●『現場ですぐに使える　アクティブラーニング実践』小林昭文他著（産業能率大学出版部）
●『７つの習慣×アクティブラーニング　最強の学習習慣が生まれた！』小林昭文著・フランクリン・コヴィー・ジャパン監修（産業能率大学出版部）
●『アクティブ・ラーニング実践の手引き』田中博之著（教育開発研究所）
●『英語教師のためのアクティブ・ラーニングガイドブック』上山晋平著（明治図書出版）
等と，アクティブ・ラーニング関連の著書を読み続けました。
そして，広島県の上山晋平先生の本との出会いが，本書執筆のきっかけとなりました。
上山先生の本に，感銘を受け，刺激を受け，たくさんラインマーカーを引きながら読みました。そして読みながら，
「今すぐにでも，アクティブ・ラーニング型の英語授業に変えていかなくては取り残されてしまう」
という思いを強くしました。
と同時に，「もう一度，今までの授業を見直してみよう」と思いはじめました。
また私は，前年に文科省から出された「論点整理」にも衝撃を受けていました。

あちこちに出てくる「アクティブ・ラーニング」という言葉。

そして，繰り返し用いられる「アクティブ・ラーニング」の３つの要素（「深い学び」「対話的な学び」「主体的な学び」）の学び。

さらに，「論点整理」には，生徒の10年後，20年後の社会を見据え，どんな力をつけていったらよいのかも，記されていました。

私の知らない世界がそこにはありました。

これは，真剣に学ばないと…と思いました。

本書の執筆は，今までの英語授業をアクティブ・ラーニングの視点に立って，見直してみることから始めました。

キーワードは，「主体性」と「仲間とともに協力して課題を解決していく力」の２つです。

この２つのキーワードから，授業を見つめ，生徒を観察してみると，私たちがやらなくてはいけないことが見えてくるような気がします。

今後は，すべての文法において，アクティブ・ラーニング型の英語活動を創り出し，生徒の英語学力を高めていきたいと思っております。

さて，今年，中学校にまた戻りました。

勤務地は，自宅から１時間程，車を走らせたところにあります。

根っからのポジティブな私は，「６時に家を出れば，ＮＨＫのラジオ講座，基礎英語１から英会話入門まで４つの番組が聞ける」と思って，ほぼ毎日聞いています。

帰りはCNNやEnglish Journalなどを聞きながら，耳を鍛え，語彙を増やそうとしていますが，なかなか身にはつかないです。

６年ぶりの中学校です。

小学校も楽しかったのですが，中学校も楽しいです。

生徒は素直で，英語をよく話します。

その子たちの英語力を更に伸ばしたいと思います。

本書は，明治図書の木山麻衣子さんとのメールでのやり取りから生まれました。章立てのアドバイスから，中身への助言，頭の中が整理され，構成しやすくなります。

本来であれば，アクティブ・ラーニングのアイデア集にしたかったのですが，それ以前の留意点などを書き連ねるとページが埋まってしまいました。

次は，授業ですぐに使える「文法指導のアクティブ・ラーニング」を提案したいと思っています。

2016年10月

瀧沢広人

【著者紹介】

瀧沢　広人（たきざわ　ひろと）

1966年東京都東大和市に生まれる。埼玉大学教育学部卒業後，埼玉県公立中学校，ベトナム日本人学校などに勤務。中学３年生の夏に外国人と話をした経験から英語が大好きになり，将来は英語の先生になりたいと思うようになった。教師となってからは，１人でも多くの生徒が，英語を楽しいと感じてもらえるよう，著書やセミナーで学ぶ。また自らも楽しいアイデアなどを発信するようになる。ここ数年は，授業ですぐに使えるような教材を開発したり，アイデア集を提供したりしている。

主な著書は，『授業をグーンと楽しくする英語教材シリーズ37　授業を100倍面白くする！中学校英文法パズル＆クイズ』，『同29　Can Doで英語力がめきめきアップ！　中学生のためのすらすら英文法』，『同28　入試力をパワーアップする！　中学生のための英語基本単語検定ワーク』，『同27　文法別で入試力をぐんぐん鍛える！　中学生のための英作文ワーク』，『同25　１日５分で英会話の語彙力アップ！中学生のためのすらすら英単語2000』，『同24　５分間トレーニングで英語力がぐんぐんアップ！　中学生のためのすらすら英会話100』，『同21　授業を100倍楽しくする！　英語学習パズル＆クイズ』，『目指せ！英語授業の達人30　絶対成功する！英文法指導アイデアブック中学１年』，『同31　絶対成功する！英文法指導アイデアブック中学２年』，『同32　絶対成功する！英文法指導アイデアブック中学３年』，『同22　教科書を200％活用する！　英語内容理解活動＆読解テスト55』，『同21　英語授業のユニバーサルデザイン　つまずきを支援する指導＆教材アイデア50』（いずれも明治図書），他多数。

【本文イラスト】木村　美穂

目指せ！英語授業の達人34
絶対成功する！アクティブ・ラーニングの授業づくり
アイデアブック

2016年11月初版第１刷刊
2018年２月初版第４刷刊
©著　者　瀧　沢　広　人
発行者　藤　原　光　政
発行所　明治図書出版株式会社
http://www.meijitosho.co.jp
（企画）木山麻衣子（校正）吉田 茜
〒114-0023　東京都北区滝野川7-46-1
振替00160-5-151318　電話03(5907)6702
ご注文窓口　電話03(5907)6668

＊検印省略
組版所　株式会社ライラック

Printed in Japan　ISBN978-4-18-234520-3